日本語能力試験対策問題集

JLPT 読解 N3 ポイント&プラクティス

熊田道子・福岡理恵子・清水知子　著

Reading
阅读
Đọc hiểu

スリーエーネットワーク

Published by 3A Corporation.
Trusty Kojimachi Bldg., 2F, 4, Kojimachi 3-Chome, Chiyoda-ku, Tokyo 102-0083, Japan

ISBN978-4-88319-889-4 C0081

First published 2021
Printed in Japan

はじめに

「JLPT ポイント＆プラクティス」シリーズ

　日本語能力試験（Japanese-Language Proficiency Test）は、日本語を母語としない人の日本語能力を測定し認定する試験です。日本語の能力を証明する手段として、進学・就職・昇給昇格・資格認定など様々な場面で活用されており、日本語能力試験合格は多くの学習者の目標になっています。

　日本語能力試験は 2010 年に、受験者やその目的の多様化、活用の場の広がりなどを受けて、「課題遂行のための言語コミュニケーション能力」を測る試験として内容が大きく変わりました。しかし、膨大な言語知識を学び、その運用力を高めることは簡単ではありません。中でも非漢字圏の出身者や、勉強時間の確保が難しい人にとっては、合格までの道のりは非常に困難なものであることが少なくありません。

　本シリーズは、受験者の皆さんが、試験に必要な最低限の力を短期間で身につけ、合格に近づけるよう考えられた対策問題集です。厳選された学習項目について問題を解きながら理解を深め、力をつけることを目指します。

本書では、N3 レベルの「読解」を学びます。

本書の特長

①実際の試験と同じ形式の問題を練習できる。

②各回で目的を絞って、答えを見つけるためのポイントが学べる。

③別冊解説の図解と翻訳を見れば、独習でも効率的に学習できる。

　「日本語能力試験の読解って、文章もわかりにくいし、選択肢もどれも正解に見える。それに時間も足りないよ。ああ、大変だ！」こう思う人は少なくないでしょう。しかし、読解試験の「答え」は、必ず「文章の中」に書かれています。本書では、文章中から「答え」を正しく速く探すための重要なポイントを各回で学んでいきます。このポイントは、試験のためだけでなく、「読む力」の基礎となるものです。別冊の解説にはわかりやすい図解と翻訳もついていて、一人でも効率的に学ぶことができます。本書が、仕事や生活の上で、そして、人生の「読む」楽しみのためにお役に立ちましたら、幸いです。

2021 年 7 月　著者

目次
もくじ

問題パート　Questions part　试题篇　Phần câu hỏi
もんだい

読み方のポイント　Reading Points　阅读要点　Những điểm chính trong cách đọc
よ　かた

いろいろなタイプの文章　Various Types of Passages　各种类型的文章　Các dạng văn bản khác nhau
ぶんしょう

別冊　Annex　别册　Phụ lục
べっさつ

解答・解説　Answers and explanations　答案・解析　Đáp án và giải thích đáp án
かいとう　かいせつ

日本語能力試験 N3「読解」の紹介

●試験のレベル

初級　N5　N4　**N3**　N2　N1　上級

日本語能力試験は、N5～N1の5レベルです。

N3は、中間のレベルで、「日常的な場面で使われる日本語をある程度理解することができる」かどうかを測ります。

● N3の試験科目と試験時間

科目	言語知識（文字・語彙）	言語知識（文法）・読解	聴解
時間	30分	70分	40分

● N3の「読解」問題

	大問	小問数	ねらい
1	内容理解（短文）	4	生活・仕事などいろいろな話題も含め、説明文や指示文など150～200字程度の書き下ろしのテキストを読んで、内容が理解できるかを問う
2	内容理解（中文）	6	書き下ろした解説、エッセイなど350字程度のテキストを読んで、キーワードや因果関係などが理解できるかを問う
3	内容理解（長文）	4	解説、エッセイ、手紙など550字程度のテキストを読んで、概要や論理の展開などが理解できるかを問う
4	情報検索	2	広告、パンフレットなどの書き下ろした情報素材（600字程度）の中から必要な情報を探し出すことができるかを問う

「小問数」は毎回の試験で出題される小問数の目安で、実際の試験での出題数は多少異なる場合があります。また、「小問数」は変更される場合があります。

● N3 の得点区分と合否判定

得点区分	得点の範囲	基準点	合格点／総合得点
言語知識（文字・語彙・文法）	0 ～ 60 点	19 点	95 点／180 点
読解	0 ～ 60 点	19 点	
聴解	0 ～ 60 点	19 点	

　総合得点は 180 点で、95 点以上で合格です。ただし、「言語知識（文字・語彙・文法）」「読解」「聴解」の 3 つの得点区分でそれぞれ 19 点以上必要です。総合得点が 95 点以上でも、各得点区分で 1 つでも 18 点以下があると不合格です。

日本語能力試験公式ウェブサイト（https://www.jlpt.jp/）より抜粋

　詳しい試験の情報は、日本語能力試験公式ウェブサイトでご確認ください。

この本をお使いになる方へ

1. 目的

読解問題のポイントを理解し、試験合格に必要な最低限の力を身につける。

2. 構成

①本冊

●問題パート

1回目～5回目

　文章を読む際に注意すべきポイントを「接続の表現（1）（2）」「指示詞」「主語などの省略」「理由」の5回にまとめました。各回は短文2つ、中文1つ（「接続の表現（2）」のみ中文2つ）で構成されています。

6回目～8回目

　「メール・メモ・お知らせ」「意見文」「説明文」という文章のタイプ別に、読み取るべきポイントを示しました。「メール・メモ・お知らせ」は短文4つ、「意見文」「説明文」は短文2つ、中文1つで構成されています。

9回目～12回目

　「長文」「情報検索」をセットにして1回としました。「長文」の読解を通して、1回目～8回目で学んだポイントを復習するとともに、「情報検索」に必要な読み方が学べるようになっています。

●模擬試験（1回分）

　実際の試験と同じ形式の問題です。どのぐらい力がついたか、確認できます。

②別冊

●解答・解説（翻訳つき）

　正答を示し、誤答選択肢の多くにも説明をつけました。次に、 解答のポイント で各回のポイントを本文に沿ってわかりやすく図解しました。 ここが大切 に重要表現もピックアップしてあります。中文、長文については、文章全体の要約も載せてあります。

3. 表記

　基本的に常用漢字表（2010 年 11 月）にあるものは漢字表記にしました。ただし、著者らの判断でひらがな表記のほうがいいと思われるものは例外としてひらがな表記にしてあります。本冊の問題文、その引用では N2 レベル以上と判定した漢字を含む語、及び N3 レベル以下の漢字で構成されるが文章理解上必要と思われる語にふりがなをつけました。それ以外の箇所（別冊も含む）では、すべての漢字にふりがながついています。

4. 独習の進め方

　1 回目から順に進めると、ポイントを理解しながら無理なく学習できます（1 回目〜8 回目で短文と中文、9 回目〜 12 回目で情報検索と長文を取り上げています）。

　1 回目〜8 回目では冒頭のイラストでポイントを確認してから、問題に取り組んでください。本文を読む時には、わからない言葉があっても、すぐに辞書をひかないようにしましょう。「たぶん、こんな内容だろう」と予測しながら読み、解答することが大切です。そして、自力で解答した後で、別冊を見て正答を確認してください。別冊には、「どこに正解の根拠があるのか」がわかるように「解答のポイント」が図解してあります。説明をよく読んで理解したら、最後に、読んでいてわからなかった表現なども調べて確認するとよいでしょう。

　①その回のポイントを知る→②自力で解く（辞書はできるだけ使わない）→③正答を確認する→④解説を読んで理解する→⑤重要表現や、読んでいてわからなかった表現を覚える

　この繰り返しで、読む力がついていきます。慣れてきたら、解答にかかった時間も測ってみましょう。問題を解く時は、短文は 4 分以内、中文は 7 分以内、長文は 10 分以内、情報検索は 6 分以内を目安に取り組んでみてください。

For users of this book

1. Purpose

To provide the minimum necessary skills for understanding the points of reading comprehension questions and passing the Japanese Language Proficiency Test.

2. Structure

① Main textbook

● Questions part

Lessons One through Five

The points to pay attention to when reading the text are compiled into the five lessons of "Connecting Phrases (1) and (2)," "Demonstratives," "Omitting Subjects and More" and "Reasons." Each lesson has two short passages and one mid-size passages ("Connecting Phrases (2)" has two mid-size passages).

Lessons Six through Eight

Each lesson indicates the points one should be able to discern from reading different types of texts, divided into "Emails, Notes and Notifications," "Written Opinions" and "Written Explanations." The "Emails, Notes and Notifications" lesson has four short passages, and the "Written Opinions" and "Written Explanations" lessons have two short passages and one mid-size passages.

Lessons Nine through Twelve

"Long Passages" and "Information Retrieval" have been compiled into one chapter. You will review the points learned in Lessons One through Eight through reading the "Long Passages." In addition, you will be able to learn the necessary reading method for "Information Retrieval."

● Mock Test (One test)

The questions will be in the same format as those you will face in the actual exam. You can confirm just how much you have learned.

② Annex

● Answers and explanations (with translations)

This book shows the correct answers, and also has explanations to many of the incorrect answers. 解答のポイント segments explain the points about each lesson in an easy to understand way, in line with the main text. There are also ここが大切 segments that show selected important expressions. The book also contains summaries of the mid-size and long passages.

3. Orthography

In principle, kanji characters that are included in the national list of Chinese characters in common use (November 2010 edition) are written using kanji. However, the authors have decided that some words are better displayed in hiragana as exceptions. The text of questions in the main book and their reference material will have furigana written over words including kanji characters that are N2 level or higher, and that are composed of N3 level or lower but are necessary furigana to understand the texts. Other parts (including the Annex) will have furigana over all kanji.

4. Promoting self-study

By progressing in order from Lesson One, you will be able to study without difficulty while understanding each point (Lessons One through Eight cover short and mid-size passages, and Lessons Nine through Twelve cover information retrieval and long passages).

In Lessons One through Eight, please tackle each question after confirming the points with the illustrations at the start of each lesson. When reading the texts, try not to immediately reach for a dictionary when you come across words you do not understand. It is important to read the text and answer the questions while trying to predict that "this content probably means this." Then, after you have worked out your own answer, check the correct answer in the Annex. The Annex includes "Points about the Answers" segments to help you understand where in the text you can find the hints to the correct answer. Finally, after carefully reading and understanding the explanations in the Annex, it is a good idea to research and confirm the phrases you could not understand when reading the text.

① Learn the point of the Lesson → ② Work out the answer on your own (try not to use a dictionary as much as possible) → ③ Confirm the correct answer → ④ Read and understand the explanation → ⑤ Learn the important phrases and the phrases you could not understand when reading.

Repeating this process will improve your reading ability. Once you have become familiar with this process, try to also gauge the time it takes you to answer. When answering the questions, try to finish within roughly four minutes for short passages, seven minutes for mid-size passages, 10 minutes for long passages, and six minutes for Information retrieval.

致本书使用者

1. 编写目的

理解阅读考试的答题要点、具备通过考试所需的最低限度的能力。

2. 内容结构

①本册

●试题篇

第 1 课到第 5 课

本书在"表示接续的表达方式（1）（2）""指示代词""主语等的省略""理由"这五课中归纳了阅读文章时应该注意的要点。每课包含两篇短篇阅读、一篇中篇阅读（只有"表示接续的表达方式（2）"包含两篇中篇阅读）。

第 6 课到第 8 课

按照"邮件·留言条·通知""议论文""说明文"这样的文章类别，分别列明了应该掌握的阅读要点。"邮件·留言条·通知"中包含四篇短篇阅读，"议论文"和"说明文"中各包含两篇短篇阅读和一篇中篇阅读。

第 9 课到第 12 课

"长篇阅读"和"信息检索"放在一起作为一课。通过阅读"长篇阅读"可以复习第 1 课到第 8 课学习的要点，同时掌握"信息检索"所需要的阅读方法。

●模拟题（1 回）

模拟题与正式考试题型完全相同，学习者可以检测一下自己的能力水平。

②别册

●答案·解析（附有译文）

正确答案和大多数的干扰选项都附有解析。然后在 **解答のポイント**（かいとう） 处以图解的形式依据阅读篇章对各课的要点做了浅显易懂的讲解。在 **ここが大切**（たいせつ） 处列明了重要表达方式。在中篇阅读和长篇阅读后面还归纳了本篇文章的主要内容。

3. 书写规则

本书基本上在常用汉字列表（2010 年 11 月版）范围内的汉字都用汉字书写。但是作为例外情况，作者认为应该用平假名书写的地方是用平假名书写的。本册的试题及引用试题的解析中，在包含了超过 N2 级水平的汉字词语、以及虽然是由低于 N3 级水平的汉字构成的但理解文章中需要标记的词语上标注了读音假名。在其他处（也包含别册）所有汉字上都标注了读音假名。

4. 自学学习方法

从第 1 课开始按照顺序学习，理解学习要点的同时自然而然掌握学习内容（第 1 课到第 8 课练习解答短篇阅读和中篇阅读，第 9 课到第 12 课练习解答信息检索和长篇阅读）。

在第 1 课到第 8 课，掌握篇头插图中列明的学习要点之后，开始做题。在阅读过程中，即使遇到不认识的单词也不要马上查字典。自己推测一下"大概是这个意思吧"继续阅读答题，这样做很重要。然后，依靠自己的能力解答完试题之后再翻阅别册核对答案。别册中有"解题要点"，解题要点以图解的形式说明了"正确答案的依据存在于文章的何处"。最好是在仔细阅读并理解解析的内容之后，再最后查阅不认识的词语。

①了解本课的学习要点→②依靠自己的能力答题（尽量不要使用字典）→③核对答案→④阅读并理解解析的内容→⑤记住重要表达方式或者自己不认识的词语。

反复重复这样的练习，就可以掌握阅读能力。熟悉练习流程之后试着测试一下答题所需的时间吧。努力把答题时间控制在目标时间范围内吧，即短篇阅读 4 分钟以内，中篇阅读 7 分钟以内，长篇阅读 10 分钟以内，信息检索 6 分钟以内。

Dành cho người dùng sách này

1. Mục đích

Hiểu được điểm chính của câu hỏi Đọc hiểu, đạt được năng lực tối thiểu cần thiết để thi đậu.

2. Cấu trúc

① Sách chính

● Phần câu hỏi

Lần 1–Lần 5

Những điểm chính cần lưu ý khi đọc văn bản đã được tổng hợp vào 5 lần luyện tập là: "Mẫu câu liên kết (1), (2)", "Chỉ thị từ", "Sự lược bỏ chủ ngữ v.v.", "Lý do". Kết cấu của mỗi lần gồm 2 văn bản ngắn, 1 văn bản trung bình (riêng "Mẫu câu liên kết (2)" có 2 văn bản trung bình).

Lần 6–Lần 8

Những điểm chính cần hiểu khi đọc được phân chia trình bày theo từng dạng văn bản khác nhau, gồm "Thư điện tử / Ghi chú / Thông báo", "Văn bản thể hiện ý kiến", "Văn bản giải thích". Trong "Thư điện tử / Ghi chú / Thông báo" có 4 văn bản ngắn, trong "Văn bản thể hiện ý kiến", "Văn bản giải thích" có 2 văn bản ngắn, 1 văn bản trung bình.

Lần 9–Lần 12

"Văn bản dài" và "Tìm kiếm thông tin" được kết hợp với nhau vào trong 1 lần. Thông qua việc đọc hiểu "Văn bản dài", bạn có thể ôn lại những điểm chính đã học ở Lần 1 - Lần 8, đồng thời học được thêm cách đọc văn bản cần thiết cho việc "Tìm kiếm thông tin".

● Bài thi thử (1 lần)

Bài thi thử có cùng dạng thức với bài thi thật. Bạn có thể kiểm tra xem mình đạt được năng lực đến đâu.

② Phụ lục

● Đáp án và giải thích đáp án (kèm bản dịch)

Phần này in đáp án và giải thích phần lớn các lựa chọn sai. Tiếp theo, ở phần 解答のポイント , điểm trọng tâm của mỗi bài được thể hiện dưới dạng sơ đồ, đi theo trình tự của văn bản đề bài cho dễ hiểu. Các mẫu câu quan trọng cũng được chọn ra để in ở phần ここが大切 . Với các văn bản trung bình và văn bản dài thì còn có phần tóm tắt ý của toàn đoạn văn.

3. Ký tự

Về cơ bản, chúng tôi ghi những chữ có trong bảng Hán tự thông dụng (11/2010) bằng Hán tự. Tuy nhiên, những chỗ nhóm tác giả cho rằng ghi bằng hiragana dễ hiểu hơn thì được xem như ngoại lệ và thể hiện bằng hiragana. Chúng tôi phiên âm những từ chứa Hán tự thuộc trình độ N2 trở lên và những từ tuy chứa Hán tự trình độ N3 trở xuống nhưng lại cần thiết để hiểu đoạn văn trong các văn bản đề bài ở sách chính, cũng như khi trích dẫn lại phần đó. Ngoài đề bài ra, ở những chỗ còn lại (bao gồm Phụ lục), toàn bộ Hán tự đều được phiên âm.

4. Cách tự học

Nếu đi theo thứ tự từ Lần 1 đến hết, bạn sẽ có thể vừa học vừa nắm bắt được các điểm chính một cách dễ dàng (Từ Lần 1 - Lần 8 là các văn bản ngắn và trung bình, Lần 9 - Lần 12 là dạng tìm kiếm thông tin và văn bản dài).

Từ Lần 1 - Lần 8, sau khi xem lại những điểm chính được trình bày ở hình vẽ đầu bài, bạn hãy tiến hành giải đề. Trong lúc đọc văn bản, dù có từ nào không hiểu cũng đừng tra tự điển ngay. Bạn nên vừa đọc vừa đoán nghĩa của chúng rồi trả lời câu hỏi. Sau khi đã tự mình trả lời thì hãy xem phần Phụ lục và kiểm tra đáp án. Trong Phụ lục có sơ đồ "Điểm chính của đáp án" nhằm giúp bạn hiểu rõ "căn cứ vào đâu mà có đáp án như thế này". Cuối cùng, sau khi đã đọc và hiểu phần giải thích đó rồi thì bạn có thể tra cứu những từ ngữ chưa biết khi đọc văn bản lúc nãy để xác nhận lại.

① Nắm điểm chính của bài đó → ② Tự giải đề (tránh dùng tự điển) → ③ Kiểm tra đáp án → ④ Đọc và hiểu phần giải thích đáp án → ⑤ Học thuộc mẫu câu quan trọng hoặc mẫu câu chưa biết khi đọc.

Cứ lặp đi lặp lại như thế, năng lực đọc hiểu của bạn sẽ tăng dần. Khi đã quen với các bước này rồi thì hãy thử canh thời gian làm bài. Bạn hãy thử luyện tập sao cho thời gian giải bài không vượt quá 4 phút nếu là văn bản ngắn, 7 phút nếu là văn bản trung bình, 10 phút cho văn bản dài và 6 phút cho dạng bài tìm kiếm thông tin.

この本をお使いになる先生へ

　読解の授業を担当される際、何を教えればいいのか迷われている先生は多いのではないかと思います。正しい答えを教え、なぜその答えになるのか学習者に説明しても、それは1回限りのことです。それを繰り返したところで、果たして学習者に読解力がつくのだろうか。そのような悩みをお持ちかもしれません。そこで本書では、日本語の文章を読む時に、学習者に注意を払わせたいポイントを抽出し、各回で何を教えていただくかを明確にしています。文章を読む時に何に気をつけるべきか、学習者に意識化させることによって、学習者には日本語能力試験の合格を目指すだけではなく、読解力（日本語の文章を読む時の注意点）も身につけてほしいと考えています。

1. 教室授業の進め方、学習時間

●本書は1回分を1回の授業で学習することをイメージし、各回でターゲットとする学習項目が定めてあります。

●日本語能力試験の実践練習として、解答時間を設定して設問を解くように使うだけでなく、学習者に予習をさせ、教室では解説を中心に行うなど、様々な使い方が可能です。

●テストのための実践として時間を設定したい場合には、「短文」4分、「中文」7分、「長文」10分、「情報検索」6分を目安としてください。

●本書はページ順に学習していただくことを想定していますが、各回で独立した構成になっていますので、順番を変更しても学習が可能です。ただし、9回目〜12回目の長文は、1回目〜8回目の学習項目を組み合わせて問題を解く形式になっていますので、1回目〜8回目の学習後にしていただく方が、効果的です。

●授業の進め方の一例：最初に時間を決めて問題を解き、正答を示してから、どのように正答へと導くのか、別冊の解答・解説を参考に解説します。解説の際には、各回のターゲットである項目を取り上げ、その役割や特徴を強調します。最後に正答以外がなぜ誤答になるのか確認します。

2. 教える時のポイント

2-1. 本冊について

●1回の授業で、無理に各回の問題を全て解く必要はありません。ターゲットとなる学習項目の習得を主眼におき、授業で扱えなかった問題は宿題にするなど、授業の進行や学習者に合わせてお使いください。

●1回目から9回目では、その回で学習するポイントを冒頭で紹介しています。これは当該授業で何について学ぶのかということを、学習者が明確にイメージできるようにつけてあります。いきなり問題に入るのではなく、何について学ぶのか学習者に意識化させたうえで問題に進んでください。

●9回目から12回目では「長文」と「情報検索」を各回で一つずつ学ぶようになっています。これは1回の授業の負担を大きくしすぎないようにしたためです。

●「長文」を読む際には、1回目から8回目での学習を踏まえ、読む時のポイントや文章のタイプに注意しながら読むようにさせるといいでしょう。

●「情報検索」は、設問で何を問われているのかを確認し、どこに注目しながらスキャニングを行うべきか、学習者に意識化させるといいでしょう。

2-2. 別冊（解答・解説）について

●本書は解説部分を充実させています。別冊では、どのようにその解答まで導くのかが図解されています。授業で教える際には、どれが正答かだけではなく、なぜその解答になるのかという点を中心にご指導ください。

●解説には読み取りのポイントがまとめてあります。特に、 ここが**大切** （読み取りのポイントとなる表現）、⦿（読み取りのヒント）の部分を重点的に教えてください。

●本書でポイントとして取り上げた表現は限られています。教室活動の中で類する表現を取り上げるなどして（例：1回目「接続の表現（1）」には多くのバリエーションがあります。）、学習者がより多くの読みのストラテジーを身につけられるようにご指導ください。

●「中文」「長文」の解説には、本文の要約が載っています。長い文章を読む際には、細部に意識が集中し、文章全体として何が書かれているのかということが読み手の意識から欠落してしまうことがあります。読解力をつけるためには、全体の流れやそこまでに何が書かれていたのかに意識を向けることも重要です。解説の際に、要約を読ませたり、テーマ・構造・ポイントを押さえたりすることで、文章の全体像を把握する習慣づけができます。時間に余裕があれば、学習者に要約をさせることも読解力の形成に役立ちます。

このシリーズでは、学習に合わせて、忍者と一緒に日本各地を旅します。「文法」「文字・語彙」「読解」「聴解」を合わせて学習することで、日本一周ができます。

「読解」では「九州・沖縄地方」を旅します。

In this series, you will travel around Japan with a ninja as you learn. You can go around Japan as you study "grammar", "vocabulary", "reading" and "listening".

With the "reading", you will travel to the Kyushu and Okinawa region.

在本系列丛书，伴随着学习，大家和忍者一起到日本各地旅行。学完"语法""文字·词汇""阅读""听力"可以游遍全日本。

在"阅读"单册到"九州·冲绳地区"旅行。

Trong bộ sách này, bạn sẽ được cùng ninja đi du lịch các nơi trên nước Nhật tương ứng với việc học của mình. Bằng việc học đủ "Ngữ pháp", "Từ vựng", "Đọc hiểu", "Nghe hiểu", bạn sẽ được đi vòng quanh Nhật Bản.

Trong sách "Đọc hiểu", ninja sẽ chu du "khu vực Kyushu và Okinawa".

問題パート

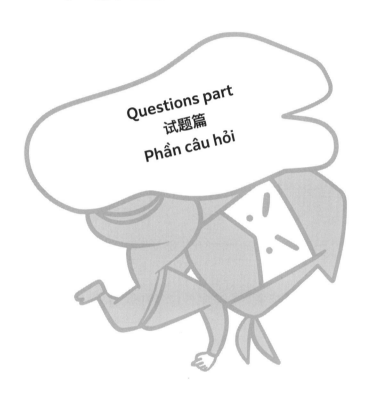

Questions part
試題篇
Phần câu hỏi

1

回目

読み方のポイント1

接続の表現（1）

Reading Points 1
阅读要点 1
Những điểm chính trong cách đọc 1

Connecting Phrases（1）
表示接续的表达方式（1）
Mẫu câu liên kết（1）

ん？　接続の表現ってどんなの？

「でも」とか「だから」とか。
文章の流れをわかりやすくするための言葉だよ！

問題1　次の文章を読んで、質問に答えなさい。答えは、1・2・3・4から最もよい
　　　ものを一つえらびなさい。

　小山さんは東京の中心から電車で2時間ほどの町に一家で引っ越した。都心の会社で働い　1
いているので、通勤は本当に大変だ。しかし、一番のストレスは他にある。

　この町に決めたのは、物価が安く、さらに、緑が多く、子育てにいい環境だと考えたか
らである。ところが、子供たちは田舎は不便で嫌だと毎日文句ばかり言って、小山さんを
とても困らせるのだ。　　　　　　　　　　　　　　　　　　　　　　　　　　　　　　　5

　それでも、自然の中で暮らす楽しさに気づいてくれる日がきっと来る。そう信じて、小
山さんは今日も満員電車に乗っている。

　┌──┐
　│問い│　小山さんの一番大きいストレスは何か。
　└──┘
　　1　子供たちが文句ばかり言っていること
　　2　通勤のためにとても時間がかかること
　　3　田舎は生活するのに不便すぎること
　　4　東京の物価が高すぎて住めないこと

問題2 次の文章を読んで、質問に答えなさい。答えは、１・２・３・４から最もよい
ものを一つえらびなさい。

　スマートフォン、いわゆる「スマホ」は人々の生活を変えた。いろいろな点で便利になっ
たが、使いすぎによって目が悪くなるなど、健康への影響が出ている。さらに、スマホは
食べ物の選び方も変えている。食べながらスマホが触れるように、手が汚れない食べ物を
選ぶ人が増えた。また、スマホで写真に撮りたくなるような美しさやユニークさがあるか
どうかも食べ物を選ぶポイントになっている。つまり、スマホは、人々の食生活まで変化
させているのだ。

　問い　スマホは、人々の食生活まで変化させているとあるが、その結果、どのような店
　　　が人気を集めると考えられるか。

　　１　スマホから料理を注文できるようにした居酒屋
　　２　値段が安くて一人でも入りやすいすし屋
　　３　色や形がきれいでかわいいパンを売るパン屋
　　４　手で肉をつかんで食べることができるレストラン

問題3 次の文章を読んで、質問に答えなさい。答えは、１・２・３・４から最もよい
ものを一つえらびなさい。

　私は大学生で、文学部で勉強しています。今、残念に思っていることがあります。大学　１
入学後、病院ボランティア（注1）のサークルに入り、病気の人と話す機会が増えました。
それで、健康のことについてもっと学びたくなりました。でも、文学部では病気や体のこ
とについて学べる授業がありません。

　私が文学部への進学を決めたのは、高校１年生の時でした。私の高校では、１年生の秋　５
に文系（注2）に進むか理系（注3）に進むかを決めます。私は数学が苦手でしたが、子供のこ
ろから読書が好きでした。それで、文学部に行こうと決め、２年生からは文系の勉強が中
心になりました。

　もちろん、大学は専門的な勉強をする場所で、文学部の私が文学ばかり勉強するのは、
仕方ないでしょう。でも、人の興味はどんどん変わっていくものです。大学時代は勉強だ　10
けに集中できる最後の時間です。だから、もっと専門以外の勉強ができる機会があればい
いと思います。

（注１）病院ボランティア：volunteering at a hospital　护工志愿者　hoạt động tình nguyện ở bệnh viện
（注２）文系：humanities　文科　khối xã hội
（注３）理系：sciences　理科　khối tự nhiên

| 問１ | 私が残念に思っていることはどのようなことか。

　　１　大学の学部を決める時に文学部を選んでしまったこと

　　２　ボランティアのサークルに入ってしまったこと

　　３　サークルが忙しくて文学の勉強ができないこと

　　４　病気や体のことについての授業が受けられないこと

問2 私が文学部を選んだのはなぜか。

1 国語や社会の勉強がしたかったから

2 理系^{りけい}の勉強をしたことがなかったから

3 小さい時から本を読むことが好きだったから

4 高校に入学した時から文学部に行きたかったから

問3 この文章^{ぶんしょう}で一番言いたいことは何か。

1 大学ではいろいろな勉強ができる機会を増^ふやすべきだ。

2 高校を卒業してから、文系^{ぶんけい}か理系^{りけい}かを決めるべきだ。

3 大学生になったなら、もっと勉強をするべきだ。

4 文学部なら、病気や体のことをしっかり学ぶべきだ。

2
回目

読み方のポイント2
接続の表現（2）

Reading Points 2
阅读要点2
Những điểm chính trong cách đọc 2

Connecting Phrases（2）
表示接续的表达方式（2）
Mẫu câu liên kết（2）

接続の表現をたくさん知っていると、文章が読みやすくなるよ。

問題Ⅰ 次の文章を読んで、質問に答えなさい。答えは、1・2・3・4から最もよいものを一つえらびなさい。

　店で買い物をすると、何をいくらで買ったか書いてある紙、つまりレシートをもらう。　1
先週もらったレシートを比べて、おもしろいことがわかった。

　二つの美術館で同じ品物を買ったので、そのレシートを比べてみたら、上野の美術館のものには「ハンカチ」と書かれていた。一方、六本木のものでは、それが「handkerchief」となり、開館時間などの情報も英語で書いてあった。六本木には多くの外国人が行くため、　5
英語を使っているのだと思う。

　近所の店のレシートを見ると、小さい八百屋のものには「野菜」と書いてあるだけだ。それに対し、大型スーパーのものには「千葉産トマト」と野菜名や産地が書いてある。そのうえ、イベントの予定、Webサイトのアドレス、安売りの情報まで載っていた。何度も来店してほしいというスーパーの願いを感じた。　10

問1 この文章の中で、何枚のレシートを比べているか。

1　3枚

2　4枚

3　5枚

4　6枚

問2　イベントの予定は、どこに書いてあったのか。

1　スーパーの店内

2　Webサイト情報の中

3　「野菜」と書いてあるレシート

4　「千葉産トマト」と書いてあるレシート

問3　この文章を書いた人が一番言いたいことは何か。

1　店の場所や種類によって、レシートに書いてある情報が違う。

2　大きい店は、客を来店させるためにレシートを使っている。

3　近所の店のレシートは、美術館のレシートより情報量が多い。

4　情報の多いレシートを出す店は、客についてよく研究している。

問題2 次の文章を読んで、質問に答えなさい。答えは、1・2・3・4から最もよい
ものを一つえらびなさい。

これは、Yサッカークラブ会長の木田さんがクラブの人に送ったメールである。

宛　　先：ml_ysoccer@xxx.ml.com

件　　名：サッカー大会のこと（お願い）

送信日時：20XX年5月10日15：35

Yサッカークラブのみなさん

きのう、無事、年に1回のサッカー大会が終わりました。

試合の結果は残念でしたが、みんな、よくがんばりましたよね。

それに、試合には出られないメンバーも大勢見に来てくださって、

とてもうれしく思いました。

ご協力ありがとうございました。

さて、みなさんにお知らせがあります。

来年の大会の準備係は、私たちYサッカークラブに決まりました。

それで、会場や日程を決めなくてはいけないのですが、

まず、みなさんの意見を聞きたいと思います。

下のアンケートサイトにアクセスしてください。

https://anketo.onegai/001/

今年の大会に参加して感じたことが書けるようになっています。

次の練習の時にアンケート結果を見て話し合いましょう。

みなさん、いい大会にしましょうね。

Yサッカークラブ会長・木田

問1　今年の大会で、Yサッカークラブの結果はどうだったか。

1　がんばって、勝った。

2　がんばったが、勝てなかった。

3　大勢（おおぜい）の人が見に来てくれたおかげで、勝った。

4　試合に出られない選手がいて、勝てなかった。

問2　このメールで新しく知らせたいことは何か。

1　今年のサッカー大会が無事（ぶじ）に終わったこと

2　来年のサッカー大会の日程（にってい）が決まったこと

3　このクラブが来年のサッカー大会の準備係（じゅんびがかり）に決まったこと

4　このクラブがサッカー大会の新しいWebサイトを作ること

問3　このメールをもらった人は、最初に何をしなくてはいけないか。

1　練習に参加する。

2　会場と日程（にってい）を決める。

3　意見をメールする。

4　アンケートに答える。

3 回目 読み方のポイント3 指示詞

Reading Points 3
阅读要点 3
Những điểm chính trong cách đọc 3

Demonstratives
指示代词
Chỉ thị từ

今日は
14日だよ。

そんなこと、
わかってるよ。

「それ」「ここ」「そんな」
などを指示詞というよ。

問題Ⅰ　次の文章を読んで、質問に答えなさい。答えは、１・２・３・４から最もよい
　　　ものを一つえらびなさい。

　ピアノのきれいな音は、どうやったら出せるのだろう。

　ある本によると、ピアノは肩や背中、足など、全身を使って弾くものだそうだが、体型
は人によって違うので、「こう弾けば、こんな音が出る」と一般化することは難しいらしい。
キー(注)を速くたたくことはロボットでも簡単にできるが、美しい音となると、話が違っ
てくる。弾く人が理想の音をイメージしてキーをたたき、実際の音がそれに合っているか　5
どうか判断できる耳を持つことが大切だというのだ。

(注) キー：keys　琴键　phím đàn

問い　それとは、何か。

1　全身を使って正しく弾いた音

2　ロボットが速く弾く美しい音

3　弾いている人がイメージする理想の音

4　「こう弾けば、こんな音が出る」と一般化した音

問題2 次の文章を読んで、質問に答えなさい。答えは、1・2・3・4から最もよい
ものを一つえらびなさい。

　会社のスペースの使い方が変わってきた。以前は、部や課の間に仕切り(注)があって、
他の部や課の様子がわからないのが一般的だった。しかし、今は仕切りなどはなく、全体
が見えたり、中の様子がわかったりする。また、自動販売機のそばには、飲み物を飲みな
がら話し合える場所がある。

　このようなスペースの使い方をした場合、社員同士の意見が言いやすく、他の部や課の
人とも自然に交流ができるため、新しいアイデアが出やすいそうだ。

(注) 仕切り：a partition/a divide　隔断　vách ngăn

　| 問い |　新しいアイデアが出やすいのは、どのようなスペースの使い方をしている会社か。

1　課と課の間を壁のようなもので分けている会社

2　ドアが閉まっていて、部屋の外から見られないようになっている会社

3　自分の席で飲み物がゆっくり飲めるようになっている会社

4　仕切りをなくして、人々が自由に話し合えるようになっている会社

問題3　次の文章を読んで、質問に答えなさい。答えは、1・2・3・4から最もよい
　　　　ものを一つえらびなさい。

　本を読む人が減っている。複雑な情報は動画(注)を見たほうがよくわかるし、今の世の　1
中では、本を読む能力より電子機器をうまく使う能力のほうが便利で役に立つ。①そういっ
た意見も聞く。本を読む意味は軽くなっているようだ。

　今はテレビだけでなく、インターネットでも動画が見られる。世界について昔より多く
の情報が得られるようになった。物事を深く理解するために多くを知ることが絶対に必要　5
なら、②それはありがたいことだ。しかし、私は、情報が多すぎると、逆に物事を正しく
理解できる人が減るように思う。

　動画は、ただ見ていればよい。何かをしながら見ることも多く、深く考えながら見るこ
とはない。まとめられた情報をそのまま受け取るだけだ。それに対し、本を読むときは必
ず頭を使って考えている。動画を見るときとは違い、読み手は自分から本に向かって働き　10
かけている。③こうすることで、深く考える力が身につくのである。

（注）動画：video(s)　视频　đoạn phim

問1　①そういった意見とは、何か。

　1　本を読む人が、最近になってどんどん減ってきているという意見
　2　本を読む力より、動画や電子機器を使う力のほうが必要だという意見
　3　複雑な情報は、今の世の中では役に立たないだろうという意見
　4　紙で読むよりも電子機器で読んだほうが、理解しやすいという意見

問2　②それとは、何か。

1　テレビと同じ動画がインターネットでも見られること

2　深く理解するためには、多くを知らなくてはいけないこと

3　世界について多くの情報が手に入るようになったこと

4　世界の人々がインターネットを使うようになったこと

問3　③こうすることでとは、ここではどういう意味か。

1　頭を使いながら本を読むことによって

2　頭を使って動画を見ることによって

3　よい本を探しに行くことによって

4　まとめられた情報を受け取ることによって

4
回目

読み方のポイント4
よ かた

Reading Points 4
阅读要点 4
Những điểm chính trong cách đọc 4

主語などの省略
しゅ ご しょうりゃく

Omitting Subjects and More
主语等的省略
Sự lược bỏ chủ ngữ v.v.

ねこがいるよ。

ああ、いるね。
かわいいね！

「ねこが」は言わなくてもわかるから
い
言わなかったよ。
い
これが、省略！
しょうりゃく

問題1 次の文章を読んで、質問に答えなさい。答えは、1・2・3・4から最もよい
ぶんしょう もっと
ものを一つえらびなさい。

　きのう、夏子と由香に会った。会った時からずっと夏子はうれしそうだった。由香と「何　1
なつこ ゆか なつこ ゆか
かあったの？」と何度聞いてもなかなか教えてくれない。やっと聞き出すと、留学に行っ
ている友達が来週日本に帰ってくると言う。たった一週間しかいないので、その一週間は
アルバイトも全部休んで、ずっとその友達と過ごす予定だそうだ。「大切な一週間だから。」
と言っていた。とてもうれしそうな様子だったので、由香と「恋人なの？」と聞いてみた　5
ようす ゆか
が、笑っているだけで答えてくれなかった。

問い　「恋人なの？」と聞いてみたとあるが、だれが聞いたのか。
　1　夏子
　　　なつこ
　2　由香
　　　ゆか
　3　夏子と由香
　　　なつこ ゆか
　4　私と由香
　　　ゆか

問題2 次の文章を読んで、質問に答えなさい。答えは、1・2・3・4から最もよい
　　　　ものを一つえらびなさい。

　　もう何年も会っていない友人から本が届いた。私が高校時代に大好きだった歌手の写真　　1
がたくさん載っている本だ。本屋で見つけて、私のことを思い出して送ってくれたそうだ。
その中に、昔、私たちの町で開かれたコンサートの写真があった。よく見ると、とても小
さいけれど、私と友人らしい人も写っている。なつかしい高校時代のことがたくさん思い
出され、久しぶりに友人の声が聞きたくなった。　　　　　　　　　　　　　　　　　　　　5

　問い　その中とは、何の中か。

　　1　本屋の中

　　2　届いた本の中

　　3　私の思い出の中

　　4　高校時代の写真の中

問題3　次の文章を読んで、質問に答えなさい。答えは、１・２・３・４から最もよい
　　　　ものを一つえらびなさい。

　新聞には記者の書いた記事だけでなく、投書と呼ばれる文章も載っている。投書を書く
のは、新聞を読んでいる読者だ。投書を新聞社に送る時は、普通、書いた人の名前と職業
もつけなくてはいけない。①この職業を「無職」、つまり仕事がないと書くかどうかにつ
いて、いろいろな意見がある。

　②「無職」という書き方を嫌がる人は多い。今は無職でも、以前の職業を使って「元会
社員」のように書いて出す人もいる。仕事がないことは能力の低さを表すと感じる人が多
いからのようだ。

　しかし、自分から進んで「無職」と書く人もいる。「主婦」と書くと、「夫のお金で生活
しています」と言っているようで嫌なのだそうだ。「無職」には悪いイメージ(注)しかな
いと思っていたが、そうでもないらしい。

(注) イメージ：image (impression)　印象　ấn tượng

問１　①この職業を「無職」、つまり仕事がないと書くとあるが、だれが書くのか。
　　１　投書を書いた人
　　２　新聞社の記者
　　３　投書を選んだ人
　　４　この文章を書いた人

問2 ②「無職」という書き方を嫌がるのはなぜか。

1 「無職」の人は少ないので、恥ずかしく感じるから

2 「無職」という書き方は、仕事の名前ではないから

3 「無職」と書くと、能力が低い人と感じられるから

4 「無職」なのは今だけで、前は会社員をしていたから

問3 この文章を書いた人の考えと合うものはどれか。

1 「無職」はイメージが悪いので、使わないほうがいい。

2 「無職」は、いいイメージにも悪いイメージにもなる。

3 「無職」と書くより、何も書かないほうがイメージがいい。

4 「無職」より「主婦」と書いたほうがいいイメージになる。

5
回目

読み方のポイント5
よ かた

理由
りゆう

Reading Points 5
阅读要点 5
Những điểm chính trong cách đọc 5

Reasons
理由
Lý do

どうして今日は
きょう
ねこがいないの？

きっと、今日は
きょう
寒いからだよ。
さむ

「なぜ」「どうして」は理由を聞いて
りゆう き
いる質問だよ。「〜から」の他にも、
しつもん ほか
理由の言い方はいろいろあるよ。
りゆう い かた

問題Ⅰ 次の文章を読んで、質問に答えなさい。答えは、Ⅰ・2・3・4から最もよい
ぶんしょう もっと
ものを一つえらびなさい。

　先日の台風で、Ａ町では川の南側のコンクリートの壁が壊れ、町に大量の水が入って　Ⅰ
かべ こわ たいりょう
きてしまった。
　Ａ町が浸水して (注) から今日で3日目だ。水が少なくなって、汚れた家の掃除を始めた
しんすい そうじ
人もいる。強風で切れた電線の修理が終わり、電気も来るようになった。ところが、今度
しゅうり
は水道から水が出なくなってしまった。水を出すのに電気が必要なマンションの住人、お　5
湯を使いたがった人たちが、同時にトイレやシャワーを使ったため、Ａ町の水道用の水
が足りなくなったのだそうだ。
(注) 浸水する：to flood, to be inundated　进水、被水淹　bị ngập lụt
しんすい

　問い　水道から水が出なくなってしまったのは、なぜか。

　1　台風で水道用の水が汚れたから

　2　強風で水道用の電線が切れたから

　3　水道水を急に大量に使ったから
たいりょう

　4　電気が来る前に水を使いきったから

問題2　次の文章を読んで、質問に答えなさい。答えは、１・２・３・４から最もよい
　　　　ものを一つえらびなさい。

　　　　　　　　　　　　おもちゃ作りセミナーを始めます

　間伐材をご存じですか。間伐材とは、山の自然を守るために切られた細い木のことです。

細い木を切ることで、森の中に光が入り、その結果、残った木が太く大きく育って丈夫な

山を作るのです。実は、この間伐材は捨てられてしまうことが多いのです。もったいない

ですね。

　そこで、れいわ町では、間伐材を使ったおもちゃ作りセミナーを始めることにしました。

多くの方のご参加をお待ちしています。

　詳しい内容はこちらをご覧ください。➡ https://seminor.omocha.reiwa

[問い]　れいわ町がおもちゃ作りセミナーを始めるのは、なぜか。

　1　おもちゃで木の温かさを知れば、自然を守ろうという心が育つから

　2　木を使ったおもちゃを作れば、山を守るためのお金が集まるから

　3　おもちゃ作りのために木を切れば、残った木が太く丈夫に育つから

　4　おもちゃ作りで間伐材を利用すれば、木材が無駄にならないから

問題3 次の文章を読んで、質問に答えなさい。答えは、1・2・3・4から最もよい
ものを一つえらびなさい。

　最近、自転車通勤を始めた。理由はいくつかある。　　　　　　　　　　　　　　　　1

　まず、朝、自転車で走るといい気分だ。道路は混んでいて車は少しずつしか動かないし、
バスの中は人でいっぱいだ。みんな我慢して乗っている。その横を自転車で走っていくと
とても気持ちがいい。

　それに、仕事ではパソコンばかり見ていて、椅子に座りっぱなしだ。自転車に乗れば、　5
運動にもなるし、遠くの景色も見るため、目の疲れもとれる。

　だが、何と言ってもレンタサイクル (注) のチェーン店が家と会社のそばにできたことが
大きい。どの店でも借りたり返したりできる。だから、家のそばで乗って会社のそばで返
せるのだ。私の家は坂の上にある。前から自転車通勤をしたいと思っていたが、仕事で疲
れた帰り、坂をのぼることを考えて、あきらめていた。今は片道だけ自転車に乗ることが　10
できるようになった。これからも自転車通勤を楽しもうと思う。

（注）レンタサイクル：rental bicycle　出租自行车　xe đạp cho thuê

　　[問1]　とても気持ちがいいとあるが、なぜか。
　　　1　会社に早く着くので、早く仕事を始められるから
　　　2　バスや車と違って、通勤のストレスがないから
　　　3　自転車からバスの中の様子がよく見えるから
　　　4　走りながらきれいな風景が見られるから

問2 「私」はどんな仕事をしているか。

　　1　長い時間パソコンを使う仕事

　　2　レンタサイクルの店の仕事

　　3　一日中体を動かしている仕事

　　4　自転車で物を運ぶ仕事

問3 「私」が自転車通勤(つうきん)を始めた一番の理由は何か。

　　1　自転車に乗ると気持ちがいいから

　　2　渋滞(じゅうたい)を気にせず通えて、遅刻をしなくてすむから

　　3　体を動かすことができて、健康(けんこう)にいいから

　　4　帰りに自転車で坂(さか)をのぼる必要がないから

6
回目

いろいろなタイプの文章１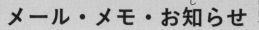

Various Types of Passages 1
各种类型的文章 1
Các dạng văn bản khác nhau 1

メール・メモ・お知らせ

Emails, Notes and Notifications
邮件・留言条・通知
Thư điện tử / Ghi chú / Thông báo

・だれがだれに書いたのかな？
・読んだ人は何をしなきゃいけないのかな？

問題１ 次の文章を読んで、質問に答えなさい。答えは、１・２・３・４から最もよい

ものを一つえらびなさい。

これは友達から届いたメールである。　　　　　　　　　　　　　　　　　　　　　　１

宛　　先：asatoh @xxx.com

件　　名：ちょっとお願い

送信日時：20XX 年 10 月 11 日 15：15

あさこちゃん　　　　　　　　　　　　　　　　　　　　　　　　　　　　　　　　　　５

お久しぶり。元気？　今日はお願いがあってメールしてるの。

この前旅行した時に一緒に泊まった旅館のパンフレット、もしまだ持ってたら、

ちょっと貸してもらえない？

あの中に「旅館で結婚式を挙げよう」って記事があったよね？

あれ、もう一度見てみたいんだけど……。　　　　　　　　　　　　　　　　　　　　10

実は私、結婚することになったの。

それで、式のことをいろいろ考えなくちゃいけなくて。

具体的になったら連絡するね。ぜひあさこちゃんも来てね。

じゃあ、返信待ってるね！

Yuki　　　　　　　　　　　　　　　　　　　　　　　　　　　　　　　　　　　　15

問い このメールが一番伝えたいことは何か。

１　結婚式に来てほしい。

２　旅館のパンフレットを借りたい。

３　結婚式の会場を一緒に見てほしい。

４　旅館に一緒に泊まってほしい。

問題2　次の文章を読んで、質問に答えなさい。答えは、１・２・３・４から最もよい

　　　　ものを一つえらびなさい。

山田さんの机の上に、原山係長からのメモが置いてあった。

山田さんへ

資料を見ました。

　直してほしいところにチェックを入れておいたので、直してから、２部コピーして
ください。１部はＡ社の加藤さんにすぐ渡せるように封筒に入れて、もう１部と元
の資料は私の机に戻してください。

　加藤さんは15時ごろ会社にいらっしゃいます。私が戻る前に加藤さんがいらっ
しゃったら、資料の入った封筒をお渡しして、お待ちいただき、私に電話をください。
よろしくお願いします。

　　　　　　　　　　　　　　　　　　　　　　12月5日（水）9：30　原山

問い　山田さんがしなければならないことは何か。

1　資料を読んで、直したほうがいいところにチェックを入れる。

2　資料を見て、チェックがあるところを直してからコピーする。

3　資料のうち一つを封筒に入れて、もう一つを山田さんの机の上に置く。

4　加藤さんが何時に来たか、原山係長に電話して知らせる。

問題3 次の文章を読んで、質問に答えなさい。答えは、１・２・３・４から最もよい
ものを一つえらびなさい。

学校のホームページに、きのう次のようなお知らせがあった。

> ### 台風 20 号についてのお知らせ
>
> 　台風 20 号が近づいてきたため、明日次のような場合には休みとします。
> 　午前 7 時に山川行きのバスが運転を中止していた場合、あるいは、大浜市内に大雨
> 警報 (注1) が出ていた場合は、午前中の授業を休みとします。午前 11 時に同じ状況 (注2)
> であった場合、午後の授業を休みとします。
> 　明日の午前 7 時と 11 時の状況は、このホームページでもお知らせする予定です。

（注1） 警報：advisory　警报　cảnh báo

（注2） 状況：situation　状况　tình trạng

| 問い | 明日の学生の行動で、正しいものはどれか。

1 　午前 11 時に大浜市に大雨警報が出ていなければ、午後から学校に行く。
2 　山川行きのバスが動いていたら、雨に関係なく学校に行く。
3 　午前 7 時に山川行きのバスが動かなかったら、午前は学校に行かない。
4 　午前 7 時に大浜市に大雨警報が出ていたら、午前も午後も学校に行かない。

問題4 次の文章を読んで、質問に答えなさい。答えは、1・2・3・4から最もよい
ものを一つえらんでください。

A高校の自転車置き場に、このお知らせが貼ってあった。

自転車置き場についてのお知らせ

（1）学生のみなさんへ

・自転車に学校のシールが貼ってあるものだけが、ここに置けます。

・シールをもらうには、事務室に「自転車通学申込書」を出し、認められる必要
　があります。学校から家まで2キロ以上の人だけが申し込めます。

・シールは卒業まで使えます。

　　＊シールのない自転車は置けません。

（2）用事があって来られた方へ

・置き場の中の「来客用」と書いてあるところに置いてください。

問い　この自転車置き場に自転車が置けないのは、どの人か。

1　A高校に用事があって来た、A高校の学生の母親

2　学校のシールを貼った自転車に乗ってきた1年生

3　A高校から1.5キロ離れた家に住んでいる2年生

4　1年生の時に自転車通学が認められた3年生

7 回目

いろいろなタイプの文章2

Various Types of Passages 2
各种类型的文章 2
Các dạng văn bản khác nhau 2

意見文

Written Opinions
议论文
Văn bản thể hiện ý kiến

・意見はどこに書いてあるのかな？

・意見の言い方はいろいろあるよ。

・意見は文章を書いた人が一番言いたいことだから、しっかりチェックしよう。

問題1 次の文章を読んで、質問に答えなさい。答えは、1・2・3・4から最もよいものを一つえらびなさい。

　友達との関係がうまくいかないとき、どうしますか。

　うまくいかなくなるのは、自分とその人の「向いている方向」が変わったときです。例えば、同じ趣味の人とは自然に仲良くなりますが、お互いの「向き」が変われば、関係も変わるでしょう。このとき、無理に相手の「向き」を変えようとすると、関係は悪化します。それより、楽しく一緒に過ごせたことに感謝して、静かに離れたほうがいいのではないでしょうか。時間が経てば、また「同じ方向」を向く日も来るかもしれません。

| 問い | この文章を書いた人の意見として、正しいものはどれか。

1　友達とうまくいかなくなったら、無理につきあいを続けなくてもいい。

2　友達とうまくいかなくなったら、相手より自分のほうが変わればいい。

3　友達とうまくいかなくなっても、相手へ感謝を伝えることが大切だ。

4　友達とうまくいかなくなっても、時間が経てば、いい関係に戻るはずだ。

問題2 次の文章を読んで、質問に答えなさい。答えは、1・2・3・4から最もよい
ものを一つえらびなさい。

　政府は人口が減ることを問題だと考え、さまざまな政策をとってきた（注）。

　子供が多い家庭を経済的に助ける、小さい子供のいる夫婦が仕事を休みやすくする、な
どだ。すべて、子供がいる人に対する政策である。しかし、子供は両親二人だけでなく、
社会全体で育てていくものだ。子供がいない人も子育てに協力できるシステムがあれば、
子供は育てやすくなるに違いない。

　国民の多くが参加できる子育て政策ができれば、人口が減るのも止められるだろう。

（注）政策をとる：to adopt a policy　实施政策　thực hiện chính sách

　問い　この文章を書いた人が一番言いたいことは何か。

　1　子供の少なさは問題ではないと政府は気づくべきだ。

　2　子供のいない人も子供のいる幸せに気づくべきだ。

　3　両親の働き方を楽にするための政策が必要だ。

　4　子供がいない人も協力できる政策が必要だ。

問題3 次の文章を読んで、質問に答えなさい。答えは１・２・３・４から最もよいものを一つえらびなさい。

　Ａ高校の生徒の春子さんは、生まれた時から髪が茶色だが、今は黒く染めて（注1）いる。　1
学校の規則で髪の色は黒と決まっているからだ。Ａ高校は規則が多い。スカートは膝までの長さ、靴は革靴、などだ。服装検査の日があって、規則を破ると学校に入れない。髪が茶色い春子さんは、服装検査の日に学校の門で帰されてしまった。それで、髪を黒く染めたのである。　5

　①なぜこのように多くの規則があるのだろう。それは、この学校には「外見（注2）がきちんとしていないと、きちんとした人間になれない」という考え方があるからだ。

　しかし、本当にそう言えるのだろうか。規則の少ない高校の先生に聞くと、勉強や生活で②他の学校と違う点はないと言っていた。規則が少なくても問題はないそうだ。

　春子さんは髪を染めたせいで頭がかゆくなったが、学校に通うために我慢している。何　10
のため、だれのための規則なのか、もう一度考えるべきではないだろうか。

（注1）染める：to dye　染　nhuộm
（注2）外見：appearance　外貌　vẻ ngoài

問１　春子さんの学校には①なぜこのように多くの規則があるのか。

　1　髪の色は、茶色より黒いのが普通だと考えられているから

　2　きちんとした人になるためには外見も大切だと考えられているから

　3　規則が多ければ多いほど、素晴らしい人間になると考えられているから

　4　規則を守らない人は、勉強ができないと考えられているから

問2 ②他の学校とはどのような学校か。

1 小学校や中学校

2 A高校以外の高校

3 規則が多い高校

4 規則が少ない学校

問3 この文章を書いた人が一番言いたい意見は何か。

1 髪を染めると頭がかゆくなるので、髪を染めないほうがいい。

2 きちんとした人間になるために、外見をきちんとするべきだ。

3 規則を守っているかどうか確かめる方法を、もっと考えるべきだ。

4 学生にとって本当に必要かどうか考えて、規則を決めるべきだ。

8
回目

いろいろなタイプの文章3

Various Types of Passages 3
各种类型的文章 3
Các dạng văn bản khác nhau 3

説明文

Written Explanations
说明文
Văn bản giải thích

・何について書いてあるのかな？

・それはどんなもの？　どんなこと？

問題１　次の文章を読んで、質問に答えなさい。答えは１・２・３・４から最もよいも
のを一つえらびなさい。

　日本では、移動に電車をよく使う。１日に何時間も電車に乗る人もいる。乗っている間　　１
はスマホで音楽を聞いたり、ニュースを見たり、ゲームをしたりする人が多い。最近では、
電車の中で運動できるアプリ（注1）ができたそうだ。乗る駅と降りる駅、車内での位置を入
力すると、つり革（注2）などを使った運動を紹介してくれる。混んでいる電車の中でそん
なことをしたら、他の客が文句を言ってトラブルが起きそうだが、驚いたことにそのアプ　　5
リを配信しているのは鉄道会社だということだ。

（注1）アプリ：app　応用程序　ứng dụng

（注2）つり革：hanging handles　吊环　dây nắm (trên tàu điện)

問い　そのアプリを配信しているのは鉄道会社だとあるが、どのようなアプリか。

　1　電車の位置がわかるアプリ

　2　電車の乗り換え駅がわかるアプリ

　3　電車の運転ゲームができるアプリ

　4　電車の中で運動ができるアプリ

問題2 次の文章を読んで、質問に答えなさい。答えは、1・2・3・4から最もよい
ものを一つえらびなさい。

　同じ年齢の子供が同じ部屋に集まって先生に教えてもらうという<u>今の学校の形は、19</u>
<u>世紀(注)に始まった</u>。それまでは、同じ部屋で勉強していても、勉強の内容は別々で、子
供の年齢もいろいろだった。子供によって必要な知識が違ったからだ。ところが、19世
紀になると、物は工場で作られるようになり、工場で働く人が必要になった。字が読め、
数が数えられる人を大勢集める必要が生まれたのだ。それで、同じ年齢の子供を集め、全
員に同じ内容を教えるようになったのである。

(注)世紀：century　世纪　thế kỷ

問い　今の学校の形は、19世紀に始まったとあるが、それはなぜか。
　1　19世紀に、同じ年齢の子供を集めるのが簡単になったから
　2　19世紀に、子供によって必要になる知識が違ってきたから
　3　19世紀に、教育を受けた人が工場で大勢必要になったから
　4　19世紀に、工場で働く人が字や数を知りたがったから

問題3 次の文章を読んで、質問に答えなさい。答えは、1・2・3・4から最もよい ものを一つえらびなさい。

AI (注) は多くの分野で使われている。いつ、どこで道路が混雑するかの予想や、古い橋 1 や道路が危険かどうかのチェック、つまり点検などもその例だ。点検は普通、人間が目で 見て確かめてから、問題のあるところを触ったり、たたいたりして詳しく調べるが、その 仕事をAIにさせるのだ。人間が見本を示しながらAIを教育すると、間違いのない仕事 をするようになるという。 5

カメラを使うのも効果的だ。自動車につけたビデオカメラで道路の様子を撮ると、AI がそれを見て問題のあるところを見つけてくれる。人が歩いて道路を確認するよりずっと 正確で速い。AIの能力はどんどん高くなっていて、人間を超える日も近いそうだ。

忘れたり失敗したりしないAIだが、人間以上になった時、何を始めるかは予想できな いらしい。注意しながら研究する必要があるということだ。 10

（注）AI：artificial intelligence (AI) 人工智能 trí tuệ nhân tạo

問1 AIに関して、この文章に書かれていることはどれか。

1 AIは、道路の混雑をなくしてしまうことができる。
2 AIは、道路の修理ができるように人を教育してくれる。
3 AIは、道路に危ないところがあるかどうか調べてくれる。
4 AIは、橋や道路を点検しなくてもいいものに変えられる。

問2　それとは何か。

1　自動車から撮った道路の様子

2　自動車が走る前の道路の様子

3　人間がチェックした古い橋や道路

4　人間が AI に見せた見本

問3　この文章の内容と合うものはどれか。

1　AI は役に立つが、将来、人間が困ることを始めるかもしれない。

2　AI を将来まで使い続けるには、写真を研究しなくてはいけない。

3　AI は、能力が高くなりすぎると、間違いのない仕事をしなくなる。

4　AI の能力が人間以上になる前に、AI の研究をやめるべきである。

9
回目

いろいろなタイプの文章4

Various Types of Passages 4
各种类型的文章 4
Các dạng văn bản khác nhau 4

長文と情報検索（１）

Long Passages and Information Retrieval (1)
长篇阅读和信息检索 (1)
Văn bản dài và Tìm kiếm thông tin (1)

■長文　Long Passages　长篇阅读　Văn bản dài

・今まで勉強したポイントを思い出そう。
・文章の流れをつかもう。

問題１　次の文章を読んで、質問に答えなさい。答えは、１・２・３・４から最もよい
　　　　ものを一つえらびなさい。

　　ここ数年、祭りが人気だ。観光客でもその場にいれば参加した気分になれたり、伝統的 1
な雰囲気が味わえたり、屋台の食べ物なども楽しめたりする。その様子がSNSで発信さ
れることで、有名な祭りだけでなく、小さな町の伝統的な祭りも注目されるようになった。
①山田町もそのような祭りを続けている町の一つである。
　　人気が出るのはいいことだ。地元の店を利用する客も増えて経済的にプラスになる。長 5
年、祭りを続けてきた山田町の人たちは②そう考えていた。ところが今年、ある町では人
が集まりすぎて小さい橋が壊れ、祭りが中止になってしまった。別の町ではゴミや安全面
が問題となり、客から文句が出たそうだ。時間もお金もかけて準備したのに、予想とは逆
に悪い評判ばかりが広がってしまう町もあった。そのため、山田町では③祭りをやめよう
という意見が出てくるようになったそうだ。今、こういう町が増えている。 10
　　しかし、祭りは何のために行うのだろう。経済的なメリットだけが理由なのだろうか。
住民が協力して祭りを準備する、そのこと自体が町にとっての貴重な文化だと私は思う。
中心となる人だけでなく、子供も、引っ越してきた新しい住人も一緒に活動すれば、町の
住人としての仲間意識が強くなり、「いい町を作っていこう」という気持ちも高まる。こ
れは、町にとって一番大切なことではないか。観光客のためではなく、自分たちのための 15
祭りに戻るのもいいのではないだろうか。

問1　①山田町はどのような町か。

1　有名な祭りを行っている町

2　昔から祭りを続けている小さな町

3　SNS で積極的に発信をしている町

4　観光に来る客が昔から多い町

問2　②そう考えていたとは、ここではどういう意味か。

1　祭りをしている町は、必ず有名になると考えていた。

2　町の経済がよくなれば、祭りも有名になると考えていた。

3　新しい祭りを始めれば、町の人気が高くなると考えていた。

4　祭りで人が集まれば、町の経済がよくなると考えていた。

問3　③祭りをやめようという意見が出てきたのは、なぜか。

1　祭りについて、町の悪い評判が広まってしまったから

2　予想しなかったような悪い結果になる場合もあるから

3　ゴミや安全面の問題を解決する方法が見つかっていないから

4　町の中にある橋がいつ壊れるか、だれにもわからないから

問4　この文章を書いた人が一番言いたいことは何か。

1　大人だけでなく、子供にとっての祭りの効果を考えたい。

2　祭りに来る客ではなく、住民にとっての祭りの効果を考えたい。

3　経済効果だけでなく、客が楽しめるかどうかを考えるべきだ。

4　いい評判だけでなく、悪い評判についても考えるべきだ。

・何を知りたいのかな？
・その情報はどこにあるのかな？

問題2　次のページは、アルバイト募集の広告である。これを読んで、下の質問に答え
　　　　なさい。答えは、1・2・3・4から最もいいものを一つえらびなさい。

きのした
問1　木下さんは午後5時から9時まで働ける。そして交通費が欲しい。働ける日は
　　　火・木・土・日である。木下さんの希望に合うのはどれか。

1　B

2　D

3　F

4　H

やまもと
問2　山本さんはコンピュータと英語が得意で、コンピュータか英語が使える仕事を探
　　　している。1つの職場で週に4日以上働きたいと思っている。午後6時までしか働
　　　けない。山本さんの希望に合うアルバイトはいくつあるか。

1　1つ

2　2つ

3　3つ

4　4つ

アルバイト募集

A　焼肉屋のキッチンスタッフ

時給 1,400 円・交通費支給

週 2 ～ 3 日、1 日 4 時間以上

未経験 OK（初めてでも大丈夫です）

勤務可能時間 18：00 ～ 24：00

B　スポーツジムの受付

時給 1,500 円・交通費一日 500 円まで

週 2 日から OK、1 日 6 時間以上

未経験 OK（親切に教えます）

勤務可能時間 9：00 ～ 22：00

C　オフィスでのお仕事です

時給 1,600 円～・交通費支給

週 1 日から。1 日 5 時間

コンピュータができる方

勤務可能時間 10：00 ～ 16：00

D　輸入会社での事務

時給 1,600 円～・交通費支給なし

週 2 日（火・金）。1 日 3 時間以上

コンピュータと英語が得意な方

勤務可能時間 10：00 ～ 17：00

E　英会話教師

時給 2,500 円～・交通費支給なし

週 4 日以上　1 日 2 時間以上

英語が話せる方

勤務可能時間 12：00 ～ 21：00

F　レストランのキッチンスタッフ

時給 1,400 円・交通費支給

週 2 ～ 3 日、1 日 3 時間以上

未経験 OK（初めてでも大丈夫です）

勤務可能時間 10：00 ～ 24：00

G　コンビニスタッフ

時給 1,200 円・交通費支給なし

週 2 日から OK、1 日 4 時間以上

未経験 OK（親切に教えます）

勤務可能時間 9：00 ～ 22：00

H　洋服店の店員

時給 1,500 円・交通費支給なし

火・木・金・土　1 日 7 時間

未経験 OK

勤務可能時間 10：00 ～ 20：00

10 回目

いろいろなタイプの文章5

Various Types of Passages 5
各种类型的文章 5
Các dạng văn bản khác nhau 5

長文と情報検索（2）

Long Passages and Information Retrieval (2)
长篇阅读和信息检索（2）
Văn bản dài và Tìm kiếm thông tin (2)

■**長文** Long Passages　长篇阅读　Văn bản dài

問題 1　次の文章を読んで、質問に答えなさい。答えは、1・2・3・4から最もよい
　　　　　ものを一つえらびなさい。

　会社に入ったばかりのころ、飲み会があると、先輩から「何がいい？」「店はどこがいい？」1
といった質問をされた。私は何も知らなかったので、いつも「お任せします」と言ってい
た。先輩の選んだものは間違いないと信じていたからだ。

　ところが、最近、自分が質問する側になってわかった。「お任せします」と言われるの
は大きなストレスなのだ。こんな答えをもらっても、結論を出すために必要な情報が手に 5
入らず、困ってしまう。私も同じ答えをしていたのだから、きっと先輩には①迷惑をかけ
たと思う。今なら、こんな返事はしない。

　また、この表現の使い方や受け取り方は、人によって違うことにも気がついた。「②私の
ことを信じて任せてくれるのだ」と喜ばれるだろうと思って私は使っていたのだが、「③私の
質問にちゃんと答えようという気持ちがない」と怒る人もいるようだ。驚いたのは、「④私に 10
は考える時間も自信もないからお任せするけれど、ちゃんと私が満足するように選んでね」
という意味で使う人もいることだ。こういう人は、あとになってから、「⑤これじゃない
ほうがよかった」などと言う場合もある。言われた人は、「任せると言ったじゃないか！」
と怒りたくなるだろう。

　立場が変わって、やっと気がつく。世の中、そんなことも多い。 15

問Ｉ　①迷惑をかけたとあるが、それはなぜか。

1　「何がいい？」という質問を、先輩に何度もさせたから

2　だれに「何がいい？」と聞けばいいか、先輩を迷わせたから

3　先輩に選びたいものがあったのに、それが選べなくなったから

4　何を選べばいいか、先輩にとって結論が出しにくくなったから

問2　②③④の「私」は、次の（A）（B）のどちらを指すか。

　　　（A）何がいいか質問した人　　　（B）「お任せします」と答えた人

1　②③④全部が（A）

2　②③④全部が（B）

3　②③が（A）、④が（B）

4　③が（A）、②④が（B）

問3　⑤これじゃないほうがよかったとは、ここではどういう意味か。

1　「何がいい？」と質問したのは間違っていた。

2　「お任せします」と答えたのは間違っていた。

3　自分で選んだ結果に満足できない。

4　相手が選んでくれた結果に満足できない。

問4　この文章を書いた人について正しいものはどれか。

1　この人はもう「お任せします」とは答えない。

2　この人は最近、「お任せします」と何度も答えた。

3　この人はもう「何がいい？」とは聞かない。

4　この人は最近、「何がいい？」と聞かれるようになった。

問題2　次のページは遊園地のチケット案内である。これを読んで下の質問に答えなさ
い。答えは、１・２・３・４から最もよいものを一つえらびなさい。

問１　前田君は 16 歳だ。２月１日の 14 時に同級生の彼女と一緒に遊園地に行って、乗
り物に５回乗りたいと思っている。できるだけ安く遊ぶには、２人でいくら払えば
いいか。

1　4,000 円

2　6,000 円

3　8,200 円

4　8,600 円

問２　花村さん（35 歳）は、妻（32 歳）、娘（８歳）、息子（５歳）と一緒に４人で遊園
地に行って一日中遊ぼうと思っている。２月 16 日の 10 時に行って乗り物に６回以
上乗る場合、できるだけ安く遊ぶには４人でいくら払えばいいか。

1　6,200 円

2　8,600 円

3　15,100 円

4　17,100 円

チケットのご案内

目的別のチケットをご用意しております。（開園時間：9時～21時）

	大人 （18～64歳）	12～17歳	6～11歳	3～5歳	65歳以上
ワンデーパス （入園＋乗り物 乗り放題）	5,000円	4,300円	3,800円	3,300円	2,500円
入園料 （乗り物料金は 入りません）	2,000円	1,600円	1,100円	1,100円	1,000円
ナイトパス※ （入園＋乗り物 乗り放題）	3,000円	2,000円	1,800円	1,800円	1,500円
ナイト入園料※ （乗り物料金は 入りません）	1,600円	1,000円	500円	500円	500円

※ナイトパス・ナイト入園料は16時からご利用になれます。

0～2歳はすべて無料

乗り物1回600円 （3歳以上同一料金）

＊乗り放題チケットで乗り物に何回でも乗れます。

ご家族様向けキャンペーン

小さなお子様とご一緒のご家族様向けのお得な料金！

3～5歳のワンデーパスを1枚買うと、大人2名様までワンデーパスが1名様4,000円になるお得な料金キャンペーンです！

バレンタインキャンペーン

特別な1日をお得に楽しめる、バレンタイン期間だけのワンデーパス（ペア・チケット）！ **カップルの2名様で6,000円です。**

（期間1月14日～2月14日）

11
回目

いろいろなタイプの文章6

Various Types of Passages 6
各种类型的文章6
Các dạng văn bản khác nhau 6

長文と情報検索（3）

Long Passages and Information Retrieval (3)
长篇阅读和信息检索（3）
Văn bản dài và Tìm kiếm thông tin (3)

■ **長文**　Long Passages　长篇阅读　Văn bản dài

問題1　次の文章を読んで、質問に答えなさい。答えは、1・2・3・4から最もよい
　　　　ものを一つえらびなさい。

　スーパーでアルバイトをしているAさんは、気になっていることがあるそうだ。「私が　1
働いているスーパーでは、数時間おきにお弁当などを捨てなければいけないんです。腐ら
ないように冷蔵コーナーに置いてあって、5分前までは500円で売っていたお弁当ですか
ら、まだ食べられます。それを捨てる時には残念な気持ちになります。」と言う。お弁当
に書かれた消費期限が近いために、①そのようなことをするのである。消費期限というの　5
は、食べ物が安全に食べられる期限を表しているが、その時間が過ぎても、突然食べ物が
腐るわけではない。しかし、スーパーなどではその時間が近くなると商品を捨ててしまう
そうだ。

　Aさんは続けた。「例えばスーパーで前日に買って、食べるのは翌日の昼という人は多
いと思います。でも、スーパーでは②その時間にはその商品は売られていないんです。」　10
また、Aさんはこう言った。「特に③悪しくなるのは行事 (注) があった後です。例えばクリ
スマス当日には、ケーキがよく売れますから、スーパーではいつもよりたくさんケーキを
お店に並べます。当日はよく売れますが、全部が売れることはありません。だから消費期
限が近くなると、とてもたくさんのケーキを捨てなければならないのです。」

　確かに時間が経てば、安全だと言い切るのは難しいかもしれない。でも、本当にそれを　15
全部捨てなければならないものなのだろうか。

（注）行事：event　传统活动、庙会　dịp lễ, sự kiện

問1 ①そのようなこととは何を指しているか。

1 数時間おきにお弁当を捨てること

2 お弁当が腐らないように冷蔵コーナーに置くこと

3 お弁当を 500 円で売ること

4 お弁当をおいしく食べられなくすること

問2 ②その時間は何を指すか。

1 スーパーで商品を買う時間

2 スーパーで買った商品を食べる時間

3 商品に書かれた消費期限の時間

4 商品が安全に食べられる時間

問3 ③悲しくなるとあるが、それはなぜか。

1 行事に関係のあるものが売れないから

2 行事に関係のあるものしか店にないから

3 行事に関係のあるものがたくさん捨てられるから

4 行事に関係のあるものばかりがよく売れるから

問4 この文章を書いた人の意見は次のうちのどれか。

1 消費期限内に食べ物を全部売ってしまったほうがいい。

2 消費期限内の食べ物だけを買うべきである。

3 消費期限が近い食べ物を先に買ったほうがいい。

4 消費期限が近くても、すぐに食べ物を捨てる必要はない。

問題2　右のページは、写真コンテスト (注) の案内である。下の質問に答えなさい。答
　　　　えは、1・2・3・4から最もよいものを一つえらびなさい。

（注）コンテスト：competition　大赛　cuộc thi

問1　田中さんは写真を撮り始めてから3週間である。この会社のカメラで青い電車の
　　　写真が1枚うまく撮れたので、この写真をコンテストに出したいと考えている。
　　　今日は1月3日である。田中さんが作品を出せるのはどれか。

　1　年間コンテストの一般コースだけ

　2　1月第2週の週間コンテストだけ

　3　1月第2週の週間コンテスト、年間コンテストの初心者コースの両方

　4　1月第2週の週間コンテスト、年間コンテストの初心者コースのどちらか

問2　木村さんは経験10年のプロの写真家で、この会社のカメラを使っている。今日は
　　　1月3日である。賞品のワイングラスが欲しい場合、どのように作品を出せばいいか。

　1　1月の週間コンテストに出す。

　2　2月の週間コンテストに出す。

　3　年間コンテスト初心者コースに出す。

　4　年間コンテストの一般コースに出す。

カメラ会社 Q 社の写真コンテスト
～たくさんの作品をお待ちしています♪～

（1）**週間コンテスト**（どんなカメラで撮った写真でも OK ！）

毎週水曜日までにその週のテーマの作品を出してください（1人1作品までですが、別の作品なら毎週続けて出せます）。

➡次の水曜日に入賞者各3人を発表します。賞品はマグカップです。

1月のテーマは「色」

- 1月第1週：白（1/6 まで）
- 1月第2週：青（1/13 まで）
- 1月第3週：黒（1/20 まで）
- 1月第4週：赤（1/27 まで）

＊週間コンテスト入賞作品の中から毎月1作品を「月間賞」に選び、次の月の最初の土曜日に発表します。1月の月間賞の賞品はワイングラスです。

＊2月のテーマは「雪」（朝の雪、昼の雪、夕方の雪、夜の雪）です。2月の月間賞の賞品はペンケースです。

（2）**年間コンテスト**（Q 社のカメラで撮った写真を出してください）

今年のテーマは「乗り物の写真」で、賞の発表は来年の1月1日です。10月31日までに出してください（1人1作品）。A）B）の両方に出すことはできません。

A）初心者コース（写真撮影の経験1年以内の方）
➡初心者大賞10作品を発表します。賞品はワイングラスです。
B）一般コース（初心者コース以外の方）
➡大賞1作品を発表します。賞品は当社の新製品のカメラです。

【注意】（1）週間コンテスト、（2）年間コンテスト、の両方へ出す場合、別の写真でお願いいたします。

12
回目

いろいろなタイプの文章7

Various Types of Passages 7
各种类型的文章7
Các dạng văn bản khác nhau 7

長文と情報検索（4）

Long Passages and Information Retrieval (4)
长篇阅读和信息检索（4）
Văn bản dài và Tìm kiếm thông tin (4)

■長文　Long Passages　长篇阅读　Văn bản dài

**問題1　次の文章を読んで、質問に答えなさい。答えは、1・2・3・4から最もよい
ものを一つえらびなさい。**

　①有名になった人は大変だ。「あの有名人の子供が警察に捕まった。上手に子育てしな　1
かった親が悪い。」と言って、テレビカメラの前に有名人を連れてきてみんなで謝らせて
いるのを見ると、そう思う。有名人自身が何か悪いことをしたために悪く言われるなら、
理解できる。しかし、子供が警察に捕まるようなことをしたら、それはすべて親のせいな
のか。　5

　学問的に見ると、②親が子供をコントロールできる部分は小さいらしい。ある研究によ
れば、子供の人格（注）は、生まれた時から持っているものと、子供時代の友達関係でほと
んど決まるそうだ。これは、ずっと昔の人間の生活と関係が深い。人間の子供は昔、母親
が次の子供を産むと、親から離れて兄や姉や周りの子供たちと助け合って育っていった。
子供が育つためには、年の近い仲間、つまり友達に受け入れてもらうことが何よりも大切　10
だったのだ。こういう歴史があるから、子供は親よりも友達の影響を受ける。

　しかし、一般的には③こんな話を聞かされるより、有名人が悪いと決めてみんなでその
人を悪く言うほうがずっと楽しい。「悪いこと」を批判するのは「いいこと」だから、大
声で悪口が言える。そういうテレビ番組なら、見て楽しいから人気になり、テレビ局はお
金がもうかる。　15

　テレビなどのメディアは、事実を正しく伝えるより、事件をおもしろく伝えて人々を楽
しませるほうが大切だと考えている。私たちはこのことを忘れてはいけない。

（注）人格：personality　人格　nhân cách, tính cách

問1 　①有名になった人は大変だとあるが、それはなぜか。

1 　有名人は、自分が悪いことをすればテレビで謝（あやま）ることになるから

2 　有名人は、テレビカメラの前で話さなくてはいけないことが多いから

3 　有名人は、子供が悪いことをすればすぐテレビで謝（あやま）らされるから

4 　有名人は、子供が警察（けいさつ）に捕（つか）まってしまうことが多いから

問2 　②親が子供をコントロールできる部分は小さいとあるが、なぜか。

1 　子供の人格（じんかく）は、親でなく兄や姉によって決まってしまうから

2 　子供は、親よりも周（まわ）りの子供の影響（えいきょう）を受けて育つから

3 　親よりも子供のほうが、新しいものを受け入れやすいから

4 　子供をコントロールしようと考える親が、減（へ）ってきたから

問3 　③こんな話とは何か。

1 　子供の人格（じんかく）はどう決まるかという学問的な話

2 　子供をどう育てたらいいかという学問的な話

3 　人格（じんかく）についての研究がどう進んだかという歴史的（れきしてき）な話

4 　母親の仕事がどう変わってきたかという歴史的（れきしてき）な話

問4 　この文章（ぶんしょう）を書いた人が言いたいことは何か。

1 　メディアが伝える情報は、正しい事実だけではない。

2 　メディアは今、人々を楽しませてくれる大切なものになっている。

3 　メディアは、多くの事件をもっと速く伝えるようにしてほしい。

4 　事実を正しく伝える方法を、私たちはもっと考えなくてはいけない。

問題2　右のページは、夢雪市雪まつりの案内である。下の質問に答えなさい。答えは、
　　　　1・2・3・4から最もよいものを一つ選びなさい。

問1　松本さん家族の子供たちは雪遊び、父はうどんの食事、母は着物ショーを楽しみ
　　にしている。どの日程で雪まつり会場に行けば、全員が満足するか。

1　2月1日　昼12時～午後8時

2　2月1日　夜8時～2月2日　午前

3　2月2日　午後2時～午後10時

4　2月2日　夜8時～2月3日　午前

問2　山口さん夫婦は3歳と7歳の息子、65歳の父の5人で雪まつりに行き、できるだ
　　けバスを使って3日間楽しむつもりだ。バス代は全部でいくらかかるか。

1　3,000円

2　5,000円

3　9,000円

4　15,000円

第70回　夢雪市の雪まつり

3か所の会場（雪まつり広場、夢雪ホール、夢雪グラウンド）で3日間
お楽しみください。多くの方々のご来場をお待ちしております。

うどん街道

夢雪駅から会場までの道は雪のランプで照らします（18時〜23時）。街道のうどん店の営業時間は11時〜23時（3日は9時〜15時）です。

スタンプラリー

雪の芸術作品の前に置いてあるスタンプを10個集めると、楽しい記念品がもらえます。

雪めぐりバス

夢雪駅・市役所・会場を結ぶバスです。

1日1,000円。小学生以下無料。20分に1本の間隔で3日間運行。チケットは夢雪駅や市役所などの雪まつり案内所で販売します。

イベントスケジュール

2月1日（金）　　2日（土）　　3日（日）

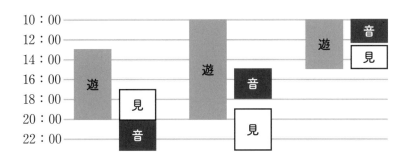

お問い合わせ
雪まつり実行委員会事務局

Tel：023−456−8900

受付時間：8：00〜17：15
詳しくはWebサイトまで
https://snow.fes.yume.jp/

遊【雪まつり広場】

雪まつり広場で、雪遊びをいろいろ体験できます。予約不要。直接広場へ。プログラムは雪まつり案内所やWebサイトで見られます。

音【夢雪ホール】

1日はジャズ、2日はポップス、3日はクラシックのコンサート。会場は夢雪ホール。チケット発売中（→夢雪ホールか雪まつりWebサイトへ）。

見【夢雪グラウンド】

1日は着物ショー、2日は花火、3日は動物ショー。無料イベント。直接、夢雪グラウンドへ。

模擬試験

<ruby>模<rt>も</rt>擬<rt>ぎ</rt>試<rt>し</rt>験<rt>けん</rt></ruby>

Mock Test
模拟题
Bài thi thử

問題1 次の文章を読んで、質問に答えなさい。答えは、1・2・3・4から最もよい
ものを一つえらびなさい。

（1）

近くの動物園にもうすぐ珍しい動物がやって来るらしい。この動物が快適に過ごせるよ
う、新しい建物もつくるそうだ。

しかし、私は、動物が珍しいかどうかを問題にすることに反対だ。世の中の動物を「珍
しい動物」と「普通の動物」に分け、普通の動物の価値を軽く見るという考えにつながる
からだ。

お金をかけるなら、どの動物もストレスなく、自然と同じような環境で暮らせるように、
動物園全体を見直してみてはどうだろうか。

<u>1</u>　動物園について、「私」はどのように考えているか。

　　1　動物園のどの動物にも、住みやすい環境を作ってあげるべきだ。

　　2　「普通の動物」がいれば十分で、「珍しい動物」が動物園にいる必要はない。

　　3　「珍しい動物」には価値があり、「普通の動物」には価値があまりない。

　　4　どの動物にもストレスがあるはずだから、動物園は調べてみるべきだ。

（2）

　油には、体を作るために必要なものも入っている。これはＡとＢの２種類に分けられ、健康_{けんこう}のため、ＡとＢをバランスよく_(注1)とらなくては_(注2)いけない。Ａは肉やお菓子_{かし}などに入っていて、とりすぎになりやすい。料理によく使われる植物油にもＡが多く入っている。

　一方、Ｂは魚に多く入っている。日本人は昔ほど魚を食べなくなったため、Ｂがとりにくくなって、ＡとＢのバランスが悪くなっている。

　健康_{けんこう}のため、油のとり方に気をつけよう。

（注1）バランスよく：ちょうどいい割合で

（注2）とる：体の中に入れる

2 　油のとり方について、日本人はどう気をつけたらいいのか。

　1　油の多い肉や魚を食べないようにする。

　2　肉を減らして、植物油を使うようにする。

　3　肉や魚だけでなく、野菜も食べるようにする。

　4　肉やお菓子を減らして、魚を食べるようにする。

（3）

これは ABC 旅行から中田エリーさんに来たメールである。

宛　　先：eriyam@xxx.com

件　　名：ご予約を受け付けました

送信日時：20XX 年 11 月 1 日 12:20

中田エリー様

ABC 旅行です。ツアーのご予約ありがとうございます。

【申込番号】　111902-72

下の URL でご予約内容（お名前・日程）をご確認後、旅行代金をカードでお支払い

ください。1 週間以内にお支払いがない場合、予約は取り消されます。

https://abctrip.com/payment/72

（初めて申し込まれた時のパスワードが必要です。）

※お取り消しやご質問は、電話でお願いいたします。

ABC 旅行：03-3344-45XX

営業時間：10：00 ～ 19：00（平日）10：00 ～ 18：30（土日祝）

3　このメールを受け取った中田さんは、何をしなくてはいけないか。

　1　旅行代金を確認するために、ABC 旅行に電話しなくてはいけない。

　2　ABC 旅行のサイトに入るために、パスワードを決めなくてはいけない。

　3　ABC 旅行のサイトで予約を確かめて、お金を払わなくてはいけない。

　4　旅行の日程を決めて、ABC 旅行のサイトに書かなくてはいけない。

（4）

これはマンションの管理事務所からマンションの住人に届いたお知らせである。

20XX 年 11 月 27 日

○○マンション管理事務所

TEL：03-1234-55XX

乗らなくなった自転車をお持ちの方へ

　　管理事務所では、マンションの自転車置き場を広くきれいに使うため、乗らなくなった自転車を集めて NPO 団体に差し上げることといたしました。

　　協力してくださる方は、申込書に、自転車の台数、部屋番号、お名前を書いて、12月 14 日までに管理事務所までお出しください。申し込まれた方には、のちほど、自転車を出していただく場所をご案内します。

　　皆様のご理解とご協力をお願いいたします。

4　このお知らせは、住人に何をするように連絡しているか。

1　自転車置き場にある乗らない自転車は、12 月 14 日までに捨てる。

2　自転車を NPO 団体にあげたい人は、12 月 14 日までに申し込む。

3　自転車を利用している人は、その台数を管理事務所に届ける。

4　NPO 団体に自転車をあげたい人は、自転車置き場に集まる。

問題2 次の文章を読んで、質問に答えなさい。答えは、1・2・3・4から最もよい
ものを一つえらびなさい。

（1）
　　　一戸建てが売れなくなったという。原因の一つが独身の人の増加だ。値段が同じなら、
独身の人は狭くても便利なマンションを選ぶことが多い。
　　　①この状態を変えたいと思ったある不動産会社 (注1) が、モデルハウスに家族をつけた。
モデルハウスとは、客に見せるために建てられた家のことだ。客が予約をしてその家に行
くと、家族の役をする (注2) 人たちが待っている。例えば客が男性なら、妻と娘の役をす
る人たちがいて、一緒に1時間過ごせるのだ。つまり、②家族つきのモデルハウスである。
　　　この会社は、家族と過ごす時間を体験することで、独身の人にも家族と暮らす幸せを感
じてみてほしいという。このモデルハウスをおもしろいと感じる人は多く、すぐに予約が
いっぱいになったらしい。一方で、結婚したら一戸建てを持たなければいけないのかと、
気分が重くなった人もいるそうだ。

（注1）不動産会社：家や土地などを売ったり貸したりする会社
（注2）～の役をする：～になったつもりで行動する

5 ①この状態とは、どんなことか。
　1　独身の人が忙しすぎて結婚しないこと
　2　独身の人が増えて一戸建てが売れないこと
　3　マンションの広さが一戸建てより狭いこと
　4　値段が高すぎて一戸建てが売れないこと

56

6 ②家族つきのモデルハウスについて、正しいものはどれか。

1 本当でない家族が、一戸建てで暮らす幸せを感じさせてくれる。

2 本当のような家族に、一戸建ての便利さを説明してもらえる。

3 自分の家族と、本当の一戸建てで暮らしてみることができる。

4 自分と結婚する人と、一戸建てに泊まってみることができる。

7 このモデルハウスに対する考え方として、文章中に書かれているものはどれか。

1 このモデルハウスはおもしろいと言う人が多すぎて、嫌だ。

2 家族でない人と一緒に過ごさなければならないのは、気持ちが悪い。

3 結婚する人は一戸建てが必要だと言われているようで、嫌だ。

4 家族と一緒に過ごすのは、面倒くさくて気分が重い。

（2）

　短い時間で学生にいろいろ教えて覚えさせる教育は、今も広く行われている。しかし今では、インターネットで調べればいつでも楽に正しい情報が手に入る。覚える力は昔ほど重要とされなくなった。①教育も変化してきている。

　ある小学校は一人一人の子供の特別なところや他（ほか）の人と違（ちが）うところ、つまり子供の個性を大切にしようと考えた。そして、②次のような方法で教育を始めた。年（とし）の違（ちが）う子供たちが同じ教室で学ぶ。何を学ぶかは子供が自分で選び、相談しながら進めるようにする。子供がどんな学びをしたのか、成績は一人一人の子供が書いた文章（ぶんしょう）で決めるのだ。

　しかし、このような成績の出し方には時間も手間もかかる（注）。成績の結果に文句（もんく）を言う親もいるだろう。子供の個性を大切にするのはいいが、教育を行う先生が大変になりすぎないように気をつけなくてはいけない。

（注）手間がかかる：しなくてはいけないことが多すぎる

8　①教育も変化してきているとあるが、それはなぜか。

　1　子供たちはインターネットが好きになったから

　2　子供たちにとって大切な力が変わってきたから

　3　子供たちの覚える力が低くなってきたから

　4　子供たちが正しい答えを出せなくなったから

9 ②次のような方法とは、どのような学び方か。

1 子供が、一人の先生に相談して助けてもらいながら学ぶ。

2 子供が、他の友達と違うところを見つけるために学ぶ。

3 子供が、文章を書いてから友達に読んでもらって学ぶ。

4 子供が、これから何を学びたいか自分たちで決めて学ぶ。

10 この文章を書いた人の意見として、正しいものはどれか。

1 個性を大切にする教育は、先生の大変さを少なくできるいい方法だ。

2 個性を大切にして教育をするなら、先生の大変さも考えたほうがいい。

3 個性を大切にする教育でいい結果を出すには、もっと時間が必要だ。

4 個性を大切にすると、教育の結果がわかりにくくなるのでよくない。

模擬試験

問題3　次の文章を読んで、質問に答えなさい。答えは、1・2・3・4から最もよい
　　　　ものを一つえらびなさい。

　ある会社が「①あなたの家にビデオカメラを1か月置かせてください。お礼に20万円
お支払いします」という広告を出した。カメラを家の中に何台も置き、録画(注)もする。
ただし一日8時間家にいれば、他の時間は出かけてもいいという。

　この会社は、人間の生活を撮ったデータが売買できるのか調べたいと考えて、広告を出
したそうだ。集めたこの生活データは、将来、個人がわからないようにしてから、売った
りインターネットで見られるようにしようと考えているらしい。

　この動画の買い取りには、賛成意見も反対意見もある。賛成の意見は、働かなくても
②簡単にお金が手に入るからいいというものだ。働きたくない人や働きたくても働けない
人が、無収入にならなくてすむ。

　一方、反対の意見は、このようなビデオカメラの使い方は危険だというものだ。例えば、
パソコンを使っている指の動きから、パスワードがわかるなど、本人が気づかないところ
から個人の情報が出てしまうかもしれない。

　しかし、多くの企業が私たちの気づかないうちに生活データを集め、売買している。店
は客の年齢や性別と買った品物を記録している。また、インターネットを使うだけで自分
のいる場所や買ったものなどの個人の情報も集められている。だが、データを集められた
人には、そのことはわからないのだ。こうしたことを考えれば、きちんと③お金を支払う
会社のほうが正直でいいと言えるだろう。

(注) 録画：ビデオカメラで記録すること

11 ①あなたの家にビデオカメラを1か月置かせてくださいとあるが、ビデオカメラを置くのは何のためか。

1 働きたくても働けない人にお金をあげるため。

2 カメラが何台も置かれることに対するストレスを調べるため。

3 人の生活が記録（きろく）されたデータを売り買いできるかどうか調べるため。

4 人が毎日8時間以上家にいられるかどうか知るため。

12 ②簡単にお金が手に入るのは、どんな人か。

1 会社のカメラを自分の家に置かせてあげた人

2 生活データがお金になるかどうか調べた人

3 個人がわからないようにしたデータを売った人

4 インターネットでデータを見られるようにしてあげた人

13 ③お金を支払う会社とは、どんな会社のことか。

1 他（ほか）の人に使われた時にお金を支払うクレジットカード会社

2 人がいる場所や買ったものの情報を売るインターネットの会社

3 店に来た客の年齢（ねんれい）や性別のデータをその店から買う会社

4 生活の様子（ようす）を撮（と）らせてもらった時にお金を支払う会社

14 この文章（ぶんしょう）を書いた人の意見として正しいものはどれか。

1 ビデオカメラを上手に使って生活データを作れば、お金が手に入る。

2 生活データは、個人がわからないようにしてから使わなくてはならない。

3 生活データを集める会社は、だれでも情報を見られるようにするべきである。

4 生活データを買い取る会社のほうが、こっそりデータを集める会社よりいい。

問題4 右のページは、洋菓子店「ベルベル」のチラシである。下の質問に答えなさい。答えは、1・2・3・4から最もよいものを一つ選びなさい。

[15] 10月16日に誕生日パーティーをするので、その日の朝、店にケーキを取りに行けるように予約したい。予約できるのは、次のうちどれか。

1　10月14日に店へ行く。

2　10月1日に店に電話する。

3　9月26日に店にメールする。

4　9月17日に店へ行く。

[16] 12月20日に自宅に届くようにベルベルタルトを予約したい。今日は11月1日である。どうすればいいか。

1　すぐ店に行って予約し、現金で代金を払う。

2　すぐメールで予約し、クレジットカードで代金を払う。

3　12月14日に店に行って予約し、現金で代金を払う。

4　ベルベルタルトが買えない期間なので、他の商品にする。

洋菓子のお店・ベルベル
商品ご予約のご案内

当店は、1970年の開業以来、おいしい手作りの洋菓子をお届けしています。

　　　営業時間：【ショップ】9：00 ～ 18：30

　　　　　　　　【喫茶室】10：00 ～ 18：00（ラストオーダー 17：30)

　　　定休日：火曜日

【ご予約】お受け取りの日の1か月前から7日前までに、お願いします。

（お店でのお受け取り）

ご来店いただいて、ご希望の品、お受け取り日時をお知らせください。

お支払いはご予約時に現金でお願いいたします。

（郵送でのお届け）

クッキー、ベルベルタルトだけお届けします。

ご来店になってお申し込みの場合は、予約時に現金でお支払いをお

願いいたします。

メールでのお申し込みも承ります。当店から確認のメールを差し

上げます。メールをご確認後、お支払いください。お支払いは銀行

振り込みでお願いいたします。

——————— **クリスマス期間はご注意ください。** ———————

12月中のお渡し、お届けについてのご予約は2か月前から承ります。

また、人気商品のアップルパイ、ベルベルタルトは、12月20日～

25日の期間、ご予約いただいた方だけへのお渡し、お届けとなり

ます。

各回のイラスト

1回目　太宰府天満宮　　　　（福岡県）

2回目　博多仁和加　　　　　（福岡県）

3回目　有田焼・伊万里焼　（佐賀県）

4回目　カステラ　　　　　　（長崎県）

5回目　ハウステンボス　　（長崎県）

6回目　阿蘇の火祭り　　　（熊本県）

7回目　別府温泉　　　　　　（大分県）

8回目　マンゴー　　　　　　（宮崎県）

9回目　桜島　　　　　　　　（鹿児島県）

10回目　屋久杉　　　　　　　（鹿児島県）

11回目　シーサー　　　　　　（沖縄県）

12回目　美ら海水族館　　　（沖縄県）

著者

熊田 道子（くまだ みちこ）
　　　東京外国語大学、早稲田大学、相模女子大学　非常勤講師
福岡 理恵子（ふくおか りえこ）
　　　東京外国語大学　非常勤講師
清水 知子（しみず ともこ）
　　　横浜国立大学、東京農業大学、防衛大学校　非常勤講師

翻訳

英語　株式会社アーバン・コネクションズ
中国語　鄭文全
ベトナム語　Lê Trần Thư Trúc

イラスト

広野りお

装丁・本文デザイン

梅津由子

JLPT 読解 N3 ポイント＆プラクティス

2021 年 7 月 21 日　初版第 1 刷発行
2024 年 9 月 18 日　第 4 刷 発 行

著　者　　熊田道子　福岡理恵子　清水知子
発行者　　藤嵜政子
発　行　　株式会社スリーエーネットワーク
　　　　　〒102-0083　東京都千代田区麹町 3 丁目 4 番
　　　　　　　　　　　トラスティ麹町ビル 2 F
　　　　　電話　営業　03（5275）2722
　　　　　　　　編集　03（5275）2725
　　　　　https://www.3anet.co.jp/
印　刷　　三美印刷株式会社

ISBN978-4-88319-889-4　C0081

日本語能力試験対策問題集

JLPT
読解
N3
ポイント
＆
プラクティス

別冊
解答・解説

Answers and explanations
答案・解析
Đáp án và giải thích đáp án

スリーエーネットワーク

■図解で使う主な記号

Major symbols used in the explanations　图解中使用的主要符号　Ký hiệu chính trong sơ đồ

- ・ 　:注目すべき表現
  Phrases to pay attention to　应该注意的表达方式　Mẫu câu cần lưu ý

- ・ 　:指示詞など　Demonstratives, etc.　指示代词等　Chỉ thị từ v.v.

- ・ 　:指示詞などの示す先
  What the demonstratives, etc. refer to　指示代词等指代的内容　Phần được chỉ thị từ v.v. chỉ định

- ・ 　:省略されている部分　Omitted segments　被省略的部分　Phần được lược bỏ

- ・ 　:答えを出すために大事な部分
  Important segments for reaching the answer　正确答案重要的依据部分　Phần quan trọng để rút ra câu trả lời

■解説で使う主な記号

Major symbols used in the explanations　解析中使用的主要符号　Ký hiệu chính trong phần giải thích

- ・ ➜ まとめ　:図解の内容のまとめ
  Summary of the contents of the explanations　图解部分的主要内容　Tóm tắt nội dung sơ đồ

- ・ ここが大切　:重要表現（読み取りのポイント）
  Important phrases (points to understand when reading)　重要表达方式（阅读理解的要点）
  Mẫu câu quan trọng (điểm chính cần hiểu khi đọc)

- ・ ⊙　:読み取りのヒント
  Hints for understanding when reading　阅读理解的提示　Gợi ý đọc hiểu

問題I

[問い]　　正解　I

2：「……通勤は本当に大変だ。<u>しかし</u>、一番のストレスは（通勤の）他にある（*l.*2）」

3：「不便で嫌だ（*l.*4）」と言っているのは子供たち。

4：東京に住めるかどうかは書かれていない。

2：“……通勤は本当に大変だ。<u>しかし</u>、一番のストレスは（通勤の）他にある”（line 2）.

3：It is the children saying “不便で嫌だ” (line 4).

4：There is nothing written about whether the writer can live in Tokyo or not.

2：“……通勤は本当に大変だ。<u>しかし</u>、一番のストレスは（通勤の）他にある（第 2 行）”

3：说“不便で嫌だ（第 4 行）”的是孩子们。

4：文中没有说能否住在东京。

2：“……通勤は本当に大変だ。<u>しかし</u>、一番のストレスは（通勤の）他にある (dòng 2)”

3：Người nói “不便で嫌だ (dòng 4)” là mấy đứa con.

4：Đoạn văn không đề cập đến chuyện có sống được ở Tokyo hay không.

解答のポイント　「接続の表現」に注意して読もう

Read while watching out for connecting phrases.
注意 “表示接续的表达方式” 来阅读。
Lưu ý đến các “Mẫu câu liên kết” khi đọc.

［小山さんのストレスは？］（*l.*3 〜 *l.*5）

この町に決めたのは、……<u>子育てにいい環境だと考えたからである。</u>
＝［子供は幸せになるはずだ（予想）］

↕ **ところが**、
予想と違う結果であることを示す

<u>子供たちは田舎は不便で嫌だと毎日文句ばかり言って、</u>
＝［子供は幸せではない（事実）］

<u>小山さんをとても困らせるのだ。</u>

➡ [まとめ]：予想と違って子供たちが文句を言うので、小山さんは<u>困っている</u>。（＝ストレス）

ここが大切

ところが　そこまでの予想と、結果・事実が違っていることを示す

Indicates a difference from expectations to that point and the results/facts.
表示结果或者事实与之前的预想不同。
Chỉ việc kết quả / thực tế khác với dự đoán trước đó.

▶「ところが」の後ろのほうが大切。予想と違って驚いた、という気持ちを表すことが多い。

The section after “ところが” is more important. “ところが” often indicates feelings of surprise at the difference from expectations.
“ところが” 后面的部分重要。多表达因与预想不同而感到惊讶的心情。
Vế câu nằm phía sau “ところが” mới là phần quan trọng. Nó thường thể hiện sự ngạc nhiên do kết quả / thực tế khác với dự đoán.

問い　正解　**3**

「色や形がきれいでかわいい」＝美しさやユニークさがある（*l*.4）

1：注文のしかたについては書かれていない。

2：値段や一人で入りやすいかどうかについては書かれていない。

4：手で肉をつかんで食べると、手が汚れてしまう。

"色や形がきれいでかわいい" = There is beauty or uniqueness. (line 4)
1 : There is nothing written about how to place an order.
2 : There is nothing written about the price or whether it is easy to enter alone.
4 : If you eat meat by hand, your hands will get dirty.

"色や形がきれいでかわいい" ＝ 美丽、独特（第 4 行）
1：文中没有提及点餐的方法
2：文中没有提及价格以及是否便于一个人进入。
4：用手抓着吃肉的话，会把手弄脏。

"色や形がきれいでかわいい" = có vẻ đẹp hoặc sự độc đáo (dòng 4)
1 : Đoạn văn không đề cập đến cách thức đặt món ăn.
2 : Cũng không đề cập đến giá cả hay việc có dễ vào quán một mình hay không.
4 : Nếu ăn thịt bằng cách dùng tay bốc thì tay sẽ bị bẩn.

解答のポイント　「接続の表現」に注目して読もう

Read while watching out for connecting phrases.
注意 "表示接续的表达方式" 来阅读。
Lưu ý đến các "Mẫu câu liên kết" khi đọc.

[どんな変化が起きている？]（*l*.2 ～ *l*.6）

さらに、スマホは食べ物の選び方も変えている。

　　　　　　　　　　　　　‖

[どう
変わったか]
　　……手が汚れない食べ物を選ぶ人が増えた。

　　また、……美しさやユニークさがあるかどうかも食べ物を選ぶ

　　　　　　‖　　　　　　ポイントになっている。

つまり、スマホは、人々の食生活まで変化させているのだ。

言い換えを示す　　　　　　　　　　　[まとめ]

➡ **まとめ**：スマホを使うようになって、食べ物を選ぶとき、手が汚れないことと、美しさやユニークさがあることが重視されるようになった。スマホは人々の食生活を変化させている。

ここが大切

つまり　前に書かれていることを、別の言い方で説明する

Uses a different phrasing to explain what is written beforehand.
用其他的说法解释说明前面写的内容。
Giải thích sự việc đã đề cập trước đó bằng cách nói khác.

⊙文章の最後にあるときは、そこまでの論のまとめになることが多い。

When it is the last segment at the end of the text, it often means it is summarizing the argument up to that point.
出现在文章末尾时多是对之前的论说进行总结归纳。
Khi nằm ở cuối đoạn văn, nó thường là lời tóm tắt của luận điểm đã đưa ra trước đó.

問題3

| 問 | 正解　4 |

1：文学部を選んだことは、残念ではない。

2：ボランティアのサークルに入ったことは、残念ではない。

3：文学の勉強ができないとは書かれていない。

1 : The writer does not regret choosing the literature department.
2 : The writer does not regret joining the volunteer group.
3 : There is nothing written about being unable to study literature.

1：选择文学系作者并没有感到遗憾。
2：参加志愿者社团活动作者并没有感到遗憾。
3：文中没说作者无法学习文学。

1 : Không phải tiếc vì đã chọn khoa Văn.
2 : Không phải tiếc vì đã tham gia câu lạc bộ tình nguyện.
3 : Đoạn văn không ghi là không học văn học được.

解答のポイント ▶ 「接続の表現」に注意して読もう

Read while watching out for connecting phrases.
注意 "表示接续的表达方式" 来阅读。
Lưu ý đến các "Mẫu câu liên kết" khi đọc.

[私が残念に思っていることは？]（l.1 〜 l.4）

今、残念に思っていることがあります。

大学入学後、……健康のことについてもっと学びたくなりました。

でも、文学部では病気や体のことについて学べる授業がありません。
前と後ろが反対の内容になることを示す

ここが大切

でも　前の文と後ろの文が反対の内容になることを示す

Indicates that the contents of the sentences before and after are opposites.
表示前后文内容相反。
Cho biết nội dung câu trước và câu sau trái ngược nhau.

⊙「でも」「しかし」などがあったら、その後の文のほうが大切なことが多い。

If there are words like "でも" and "しかし" it often means that the sentence that comes after is more important.
"でも" "しかし" 等词语存在时，很多时候是后文内容更重要。
Nếu có "でも", "しかし" thì câu văn phía sau thường quan trọng hơn.

1：国語や社会の勉強がしたかったとは書かれ

ていない。

2：理系も勉強した。（「2年生からは文系の勉

強が<u>中心</u>になりました（*l.7* ～ *l.8*)」）

4：文学部に決めたのは、高校に入ってから。

（「私が文学部への進学を決めたのは……2

年生からは文系の勉強が中心になりました

（*l.5* ～ *l.8*)」）

1：There is nothing written about wanting to study Japanese and Social studies.
2：The writer also studied sciences ("2年生からは文系の勉強が<u>中心</u>になりました" (line 7 ～ line 8)).
4：The writer decided to join the literature department after starting high school ("私が文学部への進学を決めたのは…… 2年生からは文系の勉強が中心になりました" (line 5 ～ line 8)).

1：文中没说作者曾经想学习国语和社会学。
2：作者也学习过理科科目。("2年生からは文系の勉強が<u>中心</u>になりました（第7行到第8行)")
4：作者是在进入高中之后决定报考文学系的。("私が文学部への進学を決めたのは…… 2年生からは文系の勉強が中心になりました（第5行到第8行)")

1：Không ghi là người này muốn học về quốc ngữ hay xã hội.
2：Người này đã học khối tự nhiên. ("2年生からは文系の勉強が<u>中心</u>になりました（dòng 7-8)")
4：Người này quyết định chọn khoa Văn sau khi đã vào trung học. ("私が文学部への進学を決めたのは…… 2年生からは文系の勉強が中心になりました（dòng 5-8)")

解答のポイント　「接続の表現」に注意して読もう

Read while watching out for connecting phrases.
注意 "表示接续的表达方式"来阅读。
Lưu ý đến các "Mẫu câu liên kết" khi đọc.

[私が文学部を選んだのはなぜ？]（*l.6* ～ *l.7*）

私は数学が苦手でしたが、子供のころから読書が好きでした。[理由]

それで、文学部に行こうと決め、……。

前の文が理由　　[結果]

であることを示す

ここが大切

それで　　前にあることを理由として、起こることを述べる

Indicates that the sentence before is the reason for what happened.
叙述是因前项事物的原因而发生的。
Trình bày một sự việc xảy ra bởi lý do là sự việc được ghi ở phía trước.

⊙「それで」の前に「理由」が、後に「結果」が書かれている。

The reason is written before "それで" and the result is written after.
"それで"前面写的是"原因"，后面写的是"结果"。
"Lý do" được ghi phía trước, và "kết quả" được ghi phía sau "それで".

「専門以外の勉強（*l.*11）」＝いろいろな勉強

2：進路をいつ決めるかはテーマではない。

3：勉強の量ではなく、何が勉強できるかがテーマである。

4：「文学部でも病気や体のことを学ばせてほしい」というのは、筆者が言いたいことの例。

"専門以外の勉強" (line 11) = study various topics
2 : The theme is not about when the students will decide their future.
3 : The theme is not about how much the writer studies, but about what they can study.
4 : "文学部でも病気や体のことを学ばせてほしい" is an example of what the writer wants to say.

"专门以外的勉强（第 11 行）"＝学习各种知识
2：文章的主题不是何时决定升学的出路。
3：文章的主题不是学习的数量，而是能够学到什么。
4："文学部でも病気や体のことを学ばせてほしい"是就作者观点而列举的事例。

"専門以外の勉強（dòng 11）" = nhiều môn học khác
2：Chủ đề ở đây không phải là chuyện khi nào quyết định hướng đi cho mình.
3：Chủ đề không phải là lượng môn học, mà là có thể học gì.
4："文学部でも病気や体のことを学ばせてほしい" là một ví dụ cho điều người viết muốn nói.

解答のポイント 「接続の表現」に注意して読もう

Read while watching out for connecting phrases.
注意 "表示接续的表达方式" 来阅读。
Lưu ý đến các "Mẫu câu liên kết" khi đọc.

［この文章で一番言いたいことは？］（*l.*9 ～ *l.*12）

もちろん、……文学部の私が文学ばかり勉強するのは、仕方ないでしょう。

↕

でも、人の興味はどんどん変わっていくものです。

大学時代は勉強だけに集中できる最後の時間です。

↓

だから、もっと専門以外の勉強ができる機会があればいいと思います。
結論を示す

ここが大切

もちろんA。でもB 「Aもわかるが、Bのほうがもっと大事だ」ということを示す

Indicates that the writer understands a fact about A, but B is more important.
表示 "虽然也知晓 A，但是 B 更重要"。
Mang nghĩa "tuy hiểu rằng A, nhưng B quan trọng hơn".

➔筆者の言いたいことは「でも」の後ろに書かれている。

What the writer really wants to say is written after "でも".
作者的观点写在 "でも" 的后面。
Điều người viết muốn nói được ghi ở phía sau "でも".

だから 前に書かれたことの結果や結論を示す

Indicates the result or conclusion of what was written beforehand.
列明缘于前面事项而导致的结果或者得出的结论。
Chỉ kết quả hay kết luận của những điều được ghi phía trước.

⊙文章の終わりにあるときは、筆者の一番言いたいことが書かれていることが多い。

When written at the end of the text, it often indicates what the writer most wants to say.
位于文章结尾处时、多阐述的是作者最想表达的观点。
Khi nó nằm ở cuối đoạn văn thì thường thể hiện điều người viết muốn nói nhất.

本文の要約

第 1 段落 大学生になって健康について学びたくなった。でも、文学部（自分の学部）には健康について学べる授業がない。残念だ。

第 2 段落 高校生の時は、数学が苦手で、本が好きだったので、文系を選んだ。

第 3 段落 人の興味は変わるものだ。大学時代は勉強に集中できる最後の時間なので、専門だけでなく、いろいろなことが学べる授業があったほうがいい。

---

2 回目
p.6 ～ p.9

問題 1

| 問 1 | 正解 **2** |

解答のポイント 「接続の表現」に注意して読もう

Read while watching out for connecting phrases.
注意 "表示接续的表达方式" 来阅读。
Lưu ý đến các "Mẫu câu liên kết" khi đọc.

[レシートは何枚？] (l.3 ～ l.5、l.7 ～ l.8)

　　二つの美術館で同じ品物を買ったので、そのレシートを比べてみたら、

上野の美術館のものには……書かれていた。**一方**、六本木のものでは……。
　　　　　　　　　　　　　　　　　　　　対比を示す

……

　　近所の店のレシートを見ると、小さい八百屋のものには……。

それに対し、大型スーパーのものには……。
対比を示す

→ まとめ ：美術館のレシート：［上野の美術館］⟷［六本木の美術館］
　　　　　近所の店のレシート：［小さい八百屋］⟷［大型スーパー］ ｝全部で4枚

ここが大切

A。一方B
A。それに対し（て）B ｝ AとBの事柄を対比させて述べる

Indicates the contrast between the contents of A and B.
把 A 与 B 进行对比来阐述。
Đối chiếu và trình bày sự việc A và B.

▶対比とは、特徴の違う二つのものを比べること。対比させると、それぞれの特徴がよく

わかる。

A contrast is a comparison between two things with different characteristics. If they are contrasted, you can understand their respective characteristics.
对比是指用两个特征不同的事物作比较。经过对比可以更好地了解各自的特征。
Đối chiếu tức là so sánh hai vật có đặc trưng khác nhau. Khi đối chiếu chúng với nhau thì đặc trưng của mỗi bên sẽ được hiểu rõ hơn.

問2　　正解　4

解答のポイント　「接続の表現」に注意して読もう

Read while watching out for connecting phrases.
注意 "表示接续的表达方式" 来阅读。
Lưu ý đến các "Mẫu câu liên kết" khi đọc.

> ［イベントの予定はどこに書いてある？］(l.8 ～ l.9)
>
> それに対し、大型スーパーのものには「千葉産トマト」と野菜名や産地が書
> 　　　　　　　　　　大型スーパーのレシートには
> いてある。そのうえ、　イベントの予定、Web サイトのアドレス、安売りの
> 　　　　　　　　前の事柄に後の事柄を付け加えることを示す
> 情報まで載っていた。

→ まとめ ：大型スーパーのレシートには野菜名や産地（＝「千葉産トマト」）、イベント
　　　　　の予定、web サイトのアドレス、安売りの情報などいろいろ載っていた。

ここが大切

そのうえ　　前の事柄に後の事柄を付け加えることを示す

Indicates that what is written after is added to what is written beforehand.
表示在前项事项上补充、追加后项事项。
Chỉ việc bổ sung sự việc phía sau vào sự việc phía trước.

⊙「何に」「何を」付け加えているか、しっかりつかむことが大切。

It is important to thoroughly understand what is being added to what.
要搞清楚是 "在什么上" 补充，追加 "什么"，这一点很重要。
Việc nắm vững bổ sung "cái gì", bổ sung "vào đâu" là rất quan trọng.

| 問3 | 正解 **1** |

2：一番言いたいことではない。

3：美術館のレシートの情報量は書かれていない。

4：客について研究しているかどうかは書かれていない。

2 : Not what the writer most wants to say.
3 : There is nothing written about the amount of information in the receipt from the art museum.
4 : There is nothing written about whether the shop is studying the customers.

2：不是作者最想表达的。
3：文中没有提及美术馆小票上的信息量。
4：文中没有提及是否正在研究顾客。

2 : Không phải là điều muốn nói nhất.
3 : Không viết gì về lượng thông tin trên biên lai của bảo tàng mỹ thuật.
4 : Không viết gì về chuyện có nghiên cứu khách hàng hay không.

解答のポイント 「一番言いたいこと」＝「この文章のテーマ」を探そう

Look for when what the writer most wants to say ＝ the theme of the text.
寻找 "作者最想表达的观点" ＝ "本文的主题"。
Cùng tìm "điều muốn nói nhất" ＝ "chủ đề của đoạn văn này".

(l.2)
先週もらったレシートを比べて、おもしろいことがわかった。[テーマ]

➡ レシートを比べてわかったことをまとめる

・[上野の美術館：日本語] ⟷ [六本木の美術館：英語]
＝店の場所が変わると、レシートの内容が変わる

・[小さい八百屋：情報が少ない] ⟷ [大型スーパー：情報が多い]
＝店の種類が違うと、レシートの内容が変わる

➡ まとめ ：店の場所や店の種類で、レシートの内容が違うのはおもしろい。

本文の要約

第1段落 レシートを比べて、おもしろいことがわかった。

第2段落 上野の美術館のレシートは日本語だが、外国人が多い六本木の美術館のレシートは英語で書かれている。

第3段落 小さい八百屋のものは情報が少ないが、大型スーパーのものは情報がとても多くなっている。

問題2

問1　　正解　2

1：試合には負けた。

3：見に来てくれたことはうれしかった（*l*.10）が、試合には負けた。

4：負けた理由は書かれていない。

1 : Y Soccer Club lost the match.
3 : The writer is pleased that many people came to watch (line 10), but Y Soccer Club still lost the match.
4 : There is nothing written about why Y Soccer Club lost.

1：比赛输掉了。
3：其他人来观看比赛作者很高兴（第10行），但是比赛输了。
4：文中没有提及比赛输了的原因。

1 : Đội đã bị thua trong trận bóng.
3 : Hội trưởng vui vì nhiều người đến xem (dòng 10) nhưng đội đã thua.
4 : Không viết gì về lý do bị thua.

解答のポイント ▶ 試合の結果を探そう

Look for the results of the match.
寻找比赛的结果。
Cùng tìm kết quả của trận bóng

（*l*.8）

試合の結果は残念でしたが、みんな、よくがんばりましたよね。
　　　　＝［負けた］

➡ **まとめ**：試合には負けてしまった。

問2　　正解　3

1：「きのう、無事、……終わりました。（*l*.7）」は前置き。

2：日程は決まっていない。（「会場や日程を決めなくてはいけない（*l*.14）」）

4：サッカー大会の Web サイトを作るとは書かれていない。

1 : "きのう、無事、……終わりました。" (line 7) is a preface.
2 : The dates are not decided ("会場や日程を決めなくてはいけない" (line 14)).
4 : There is nothing written about making a website for the soccer tournament.

1："きのう、無事、……終わりました。（第7行）"是前置语。
2：赛程并没有确定。("会场や日程を决めなくてはいけない（第14行）")
4：文中没有提及要制作足球大赛的网站。

1 : "きのう、無事、……終わりました。(dòng 7)" chỉ là lời mở đầu thư.
2 : Vẫn chưa quyết định ngày giờ. ("会場や日程を決めなくてはいけない (dòng 14)")
4 : Không viết là sẽ tạo trang web cho giải bóng đá.

解答のポイント ▶ 「接続の表現」に注意して読もう

Read while watching out for connecting phrases.
注意 "表示接续的表达方式" 来阅读。
Lưu ý đến các "Mẫu câu liên kết" khi đọc.

［このメールで新しく知らせたいことは？］（*l*.12 〜 *l*.13）

さて、みなさんにお知らせがあります。
話題の転換を示す

> 来年の大会の準備係は、私たち Y サッカークラブに決まりました。
>
> [知らせたい内容]

ここが大切

さて　　この後、話題が変わることを示す

Indicates that the subject will change afterwards.
表示之后话题转变。
Cho biết rằng sau đây chủ đề sẽ thay đổi.

⊙ メールや手紙の文章では、「さて」の後からが、本当に伝えたい内容になる。
その前は、前置きやあいさつであることが多い。

In the text of an email or letter, what comes after "さて" is what the writer really wants to convey. Everything before is often a preface or greeting.
在邮件、书信类文章中，"さて"后面是作者真正想传递的信息。前面大多是前置语或者问候语。
Trong những đoạn văn của thư điện tử hay thư tay, phần phía sau "さて" là nội dung mà người viết thật sự muốn truyền đạt. Còn trước đó thường là lời mở đầu hoặc chào hỏi.

| 問3 | 正解　4 |

1：次の練習の前に、アンケートに答えなけれ

　　ばならない。（l.15 ～ l.16）

2：会場や日程を決める前に、意見を書く。

3：メールではなく、Web サイトに意見を書く。

1 : The receiver of the email must answer the questionnaire before the next practice (line 15 ～ line 16).
2 : The receiver must write his/her opinions before deciding on a venue and date.
3 : The receiver must write his/her opinions on the website, not in an email.

1 : 在下一次训练之前，必须回答调查问卷。（第 15 行到第 16 行）
2 : 在决定会场和赛程之前先写意见。
3 : 不是发邮件，而是在网站上写意见。

1 : Phải trả lời bảng khảo sát trước buổi tập tiếp theo. (dòng 15-16)
2 : Viết ra ý kiến trước khi quyết định địa điểm và ngày giờ.
3 : Viết ý kiến vào trang web chứ không phải gửi qua thư điện tử.

解答のポイント　「接続の表現」に注意して読もう

Read while watching out for connecting phrases.
注意 "表示接续的表达方式" 来阅读。
Lưu ý đến các "Mẫu câu liên kết" khi đọc.

[メールをもらった人は、最初に何をしなければならない？]（l.13 ～ l.16）

来年の大会の準備係は、私たち Y サッカークラブに決まりました。

それで、会場や日程を決めなくてはいけないのですが、

まず 、みなさんの意見を聞きたいと思います。
順番を示す（1番目）

下のアンケートサイトにアクセスしてください。

[最初にしなければならないこと]

ここが大切

まず　順番の一番初めであることを示す

Indicates the beginning of an order of items/actions.
表示顺序中的第一位。
Cho biết đây là cái đầu tiên trong chuỗi thứ tự.

⊙「まず」「次に」「最後に」などの順番を示す表現は、文章の流れを正しく読むためにとても大切。

Expressions that indicate an order, such as "まず", "次に", and "最後に", are very important for reading the text in the right order.
"まず""次に""最後に"这些表示顺序的词语对于准确把握文章的文脉非常重要。
Những từ ngữ chỉ thứ tự như "まず", "次に", "最後に" rất quan trọng để đọc được đúng diễn tiến của đoạn văn.

本文の要約

前置き（あいさつ）　きのうのサッカー大会では、このクラブは負けたが、みんながんばった。試合に出られないメンバーも見に来てくれてうれしかった。

本文　このクラブが来年の大会の準備係になった。準備のためにみんなの意見が聞きたいので、アンケートサイトにアクセスして意見を書いてほしい。

---

3 回目　　　　　　　　　　　　　　　　　　　　　　　p.10 〜 p.13

問題１

問い　　正解　3

1：正しく弾くことについては書かれていない。

2：ロボットは速く弾けるが、「美しい音となると、話が違ってくる（l.4 〜 l.5）（＝美しい音は出せない）」

4：「一般化することは難しいらしい（l.3）」

1 : There is nothing written about playing correctly.
2 : Robots can play fast, but "美しい音となると、話が違ってくる"(line 4 〜 line 5)（= they cannot play beautifully).
4 : "一般化することは難しいらしい"(line 3).

1：文中没有提及正确弹奏。
2：机器人虽然能够快速弹奏，但是"美しい音となると、話が違ってくる（第4行到第5行）（＝无法弹奏出美妙的声音）"
4："一般化することは難しいらしい（第3行）"

1 : Không viết gì về việc đánh đúng cách.
2 : Người máy có thể đánh đàn nhanh nhưng "美しい音となると、話が違ってくる（dòng 4-5）（= không đánh ra âm thanh hay được）"
4 : "一般化することは難しいらしい（dòng 3）"

解答のポイント　「指示詞」が文のどこに入っているかをよく見て、答えを探そう

Find the answer by looking carefully at where the demonstratives are in the sentence.
仔细看"指示代词"在句中的位置来寻找答案。
Cùng xem kỹ xem "chỉ thị từ" nằm ở vị trí nào trong câu rồi tìm câu trả lời.

（l.5 ～ l.6）

弾く人が理想の音をイメージしてキーをたたき、

実際の音が それ に合っているかどうか判断できる耳を持つことが大切だと

いうのだ。

➡ まとめ ：実際の音が理想の音（＝それ）に合っているかどうか判断できる耳を持つことが大切だ。

ここが大切

◎答えを見つけたら、「指示詞」のところに入れて確かめるといい。

When you have found the answer, it is good to confirm by putting your answer where the demonstratives are.
找到答案之后最好放回到"指示代词"处核实一下。
Khi đã tìm ra câu trả lời rồi thì nên ướm vào chỗ của "chỉ thị từ" để kiểm tra lại.

問題2

問い 　　正解 　4

1：「今は仕切りなどはなく（＝分けていない）

　　……（l.2）」

2：「……中の様子がわかったりする（l.3）」

3：自分の席で何をするかは、書かれていない。

1："今は仕切りなどはなく（＝ it is not divided）……" (line 2).
2："……中の様子がわかったりする" (line 3).
3：There is nothing written about what you do in your own seat.

1："今は仕切りなどはなく（＝没有隔断开）……（第2行）"
2："……中の様子がわかったりする（第3行）"
3：文中没有提及在自己的座位上做什么。

1："今は仕切りなどはなく（＝ không ngăn cách gì）…… (dòng 2)"
2："……中の様子がわかったりする（dòng 3)"
3：Không viết về chuyện nhân viên làm gì ở chỗ của mình.

解答のポイント 「指示詞」は広い範囲を指すことも多いので注意しよう

Demonstratives often indicate a wide range in the text, so be careful.
"指示代词"很多时候指代的范围很广，这一点需要注意。
Cần lưu ý có nhiều trường hợp "chỉ thị từ" chỉ định một phạm vi rộng.

［新しいアイデアが生まれやすいのは、どんな場合？］（l.1 ～ l.6）

　会社のスペースの使い方が変わってきた。以前は……。しかし、今は仕切り

などはなく……中の様子がわかったりする。また、……話し合える場所がある。

［「しかし」から後すべて（＝「スペースの使い方」がどう変わったか）を指す］

このような スペースの使い方をした場合、社員同士の意見が言いやすく、

他の部や課の人とも自然に交流ができるため、新しいアイデアが出やすいそうだ。

➡ **まとめ**：部屋の仕切りをなくしたりした場合、社員の間で自然に交流が増え、新しいアイデアが出やすくなるそうだ。

ここが大切

◉「指示詞＋名詞」のときは、まず「名詞」部分が何かをきちんと確認してから、その「名詞」について書かれているところを探すことが大切。

When a demonstrative adjective and noun are together, it is important to first thoroughly confirm what the noun is, then find the section of the text that talks about the noun.
如果是"指示代词＋名词"的结构，首先要认真核实"名词"部分的内容，然后寻找就该"名词"叙述的部分、这一点很重要。
Trường hợp "chỉ thị từ + danh từ" thì trước tiên hãy xác định kỹ xem "danh từ" ở đây là gì, sau đó đi tìm chỗ viết về "danh từ" đó.

問題3

問Ⅰ	正解　2

1：「本を読む人が減っている (l.1)」は意見ではなく、事実の説明。
3：複雑な情報が役に立たないとは書かれていない。
4：電子機器で読むことについては、書かれていない。

1 : "本を読む人が減っている" (line 1) is not an opinion, it is an explanation of facts.
3 : There is nothing written about how complicated information will not help.
4 : There is nothing written about reading on an electronic device.

1："本を読む人が減っている（第1行)"不是陈述观点，而是叙述事实。
3：文中没有提及复杂的信息没有用处。
4：文中没有提及使用电子设备阅读的事。

1 : "本を読む人が減っている (dòng 1)" không phải là ý kiến mà là nêu lên thực tế.
3 : Không viết rằng những thông tin phức tạp là vô ích.
4 : Không viết về việc đọc bằng các thiết bị điện tử.

解答のポイント　どんな「意見」か探そう

Find what opinion is written.　寻找是什么样的"观点"。　Cùng tìm xem đó là "ý kiến" như thế nào.

(l.1 ~ l.3)
　　　本を読む人が減っている。複雑な情報は動画を見たほうがよくわかるし、今の世の中では、本を読む能力より電子機器をうまく使う能力のほうが便利で役に立つ。
　　　　　　　　　　　　　　　　　　　　　　　　　　　　　　　［意見］
① そういった 意見も聞く。

➡ **まとめ**：本を読む能力より、動画や電子機器を使う能力のほうが必要だという意見がある。

1：「テレビと同じ動画がインターネットでも見られる」とは書かれていない。

2：ありがたいのは「多くを知らなくてはいけないこと」ではない。

4：インターネットを使って「多くの情報が得られること」がありがたい。

1 : There is nothing written about "テレビと同じ動画がインターネットでも見られる".
2 : The writer is not grateful for "多くを知らなくてはいけないこと".
4 : The writer is grateful that they can "多くの情報が得られること" by using the internet.

1：文中没有提及 "テレビと同じ動画がインターネットでも見られる"。
2：难能可贵的事并不是 "多くを知らなくてはいけないこと"。
4：利用互联网 "多くの情報が得られること" 才是难能可贵的事。

1：Không viết rằng "テレビと同じ動画がインターネットでも見られる".
2：Điều may mắn ở đây không phải là "多くを知らなくてはいけないこと".
4：Điều may mắn ở đây là nhờ dùng internet mà "多くの情報が得られること".

解答のポイント　「指示詞」が文のどこに入っているかをよく見て、答えを探そう

Find the answer by looking carefully at where the demonstratives are in the sentence.
仔细看 "指示代词" 在句中的位置来寻找答案。
Cùng xem kỹ xem "chỉ thị từ" nằm ở vị trí nào trong câu rồi tìm câu trả lời.

➡ いつも「指示詞」の直前が答えというわけではないので気をつけよう

It is not guaranteed that the answer is directly before demonstratives, so be careful.
需要注意答案未必总是存在于 "指示代词" 的前面。
Lưu ý là không phải lúc nào phần nằm ngay trước "chỉ thị từ" cũng là câu trả lời.

[何が「ありがたいこと」？]（l.4 ～ l.6)

　今はテレビだけでなく、インターネットでも動画が見られる。世界について

昔より多くの情報が得られるようになった。

物事を深く理解するために多くを知ることが絶対に必要なら、②それはあり
　　　　　　　　　　＝［もし必要な場合は］

がたいことだ。

➡ **まとめ**：もし物事を深く理解するために多くを知ることが絶対に必要だとしたら、昔より多くの情報が得られるのは、ありがたいことだ。

2：動画を見るときは頭は使わない。（「深く考えながら見ることはない（*l.*8〜*l.*9）」）

3：本を探すことについては書かれていない。

4：まとめられた情報を受け取るときは、深く考えてはいない。（「まとめられた情報をそのまま受け取るだけだ（*l.*9）」）。

2 : People do not use their head when they watch videos（"深く考えながら見ることはない"（line 8 〜 line 9））.

3 : There is nothing written about looking for a book.

4 : People do not think deeply when they receive compiled information（"まとめられた情報をそのまま受け取るだけだ"（line 9））.

2：看视频时不会动脑思考。（"深く考えながら見ることはない"（第8行到第9行））

3：文中没有提及寻找书。

4：接受别人归纳整理好的信息时，从不深刻思考。（"まとめられた情報をそのまま受け取るだけだ（第9行）"）。

2 : Khi xem đoạn phim thì không cần dùng đầu óc. （"深く考えながら見ることはない"（dòng 8-9））

3 : Không viết về chuyện tìm kiếm sách.

4 : Khi tiếp nhận những thông tin đã được tổng hợp thì người ta không suy nghĩ sâu xa（"まとめられた情報をそのまま受け取るだけだ（dòng 9）"）.

解答のポイント　「指示詞」が示すところの意味がわかりにくい時は、その部分の「言い換え」を探してみよう

When it is difficult to understand what the demonstratives is pointing to, look for a rephrasing of that section.

"指示代词"所指代的内容很难理解时，可以尝试寻找该部分的"不同说法"。

Khi ý nghĩa của phần tương ứng với "chỉ thị từ" khó hiểu thì hãy thử tìm "cách viết khác" của phần đó.

［どうすれば考える力が身につく？］（*l.*9〜*l.*11）

それに対し、本を読むときは必ず頭を使って考えている。動画を見るときとは
　　　　　　‖［言い換え］
違い、読み手は自分から本に向かって働きかけている。③こうすることで、深く考える力が身につくのである。

➡ **まとめ**：本を読むとき、人は必ず自分の頭を使って考えるので、深く考える力を身につけることができる。

ここが大切

⊙「言い換え」とは、同じことを別の言葉で書くこと。大事なポイントや、わかりにくい事柄は、言葉を換えて何度も書かれることが多い。

A rephrasing is writing the same meaning with different wording. Important points and contents that are difficult to understand can often be written repeatedly while changing the wording.

"不同说法"是指相同的内容换用其他词语来叙述。重要的要点或者难懂的事项常常会换用不同的词语反复叙述。

"Cách viết khác" tức là cách viết về cùng một nội dung nhưng bằng những từ ngữ khác. Những điểm quan trọng hay nội dung khó hiểu thường được viết đi viết lại bằng các từ ngữ khác nhau.

本文の要約

【第1段落】 本を読む人が減っている。動画や電子機器を使ったほうがいいという意見もある。

【第2段落】 テレビやインターネットの動画などでは多くの情報が得られる。しかし情報が多すぎると、物事を正しく理解できる人が減ると思う。

【第3段落】 動画を見る場合、人は情報を受け取るだけで、深く考えることはない。それに対し、本を読む場合は、必ず頭を使って考える。本を読むと、深く考える力が身につくのである。

---

4 回目 　　　　　　　　　　p.14 ～ p.17

問題1

| 問い | 正解 4 |

解答のポイント ▶ 文中の「述語」と「助詞」をよく見て、この文では何が省略されているか、考えよう

Look carefully at the predicates and particles in the text, and consider what is omitted in the text.
认真阅读句中的"谓语"和"助词"，思考本句中省略了哪些内容。
Cùng nhìn kỹ "vị ngữ" và "trợ từ" trong câu rồi suy nghĩ xem phần nào của câu đã được lược bỏ.

[だれが、だれに、何を聞いた？] (l.5 ～ l.6)

　　　　　　　　　　私は　　　　その友達は　　　　夏子に

とてもうれしそうな様子だったので、由香と「恋人なの？」と聞いてみたが……。

➡ **まとめ**：私は由香と（一緒に）、「その友達は恋人なの？」と夏子に聞いた。

ここが大切

⊙筆者が「私」の場合、「私」は省略されることが多いので注意。

When the writer is "私", "私" is often omitted, so be careful.
需要注意，如果作者是第一人称"私"，"私"会经常被省略。
Lưu ý rằng trường hợp người viết là "私" thì "私" thường được lược bỏ.

問題２

問い　　正解　2

解答のポイント　指示詞が示すものが省略されていることがある。その場合はもっと前の文を見よう

Sometimes what the demonstratives are indicating can be omitted. In those cases, look even further back in the text.
有时指示代词所指代的内容也会被省略，这时需要看更前面的句子。
Có trường hợp phần tương ứng với chỉ thị từ được lược bỏ. Khi đó, cần xem kỹ các câu văn phía trước hơn nữa.

［「その中」は何の中？］（*l*.1 ～ *l*.3）

友人から本が届いた。……

友人はその本を　　　　　　　　　　　　　その本を私に

本屋で見つけて、私のことを思い出して送ってくれたそうだ。

その中に、昔、私たちの町で開かれたコンサートの写真があった。

➔ **まとめ**：友人から届いた本の中に、コンサートの写真があった。

問題３

問１　　正解　1

解答のポイント　省略に注意して読もう

Read while being careful of omissions.
阅读时注意省略。
Chú ý đến phần lược bỏ khi đọc.

［だれが「無職」と書く？］（*l*.2 ～ *l*.4）

投書を

投書を新聞社に送る時は、普通、書いた人の名前と職業もつけなくてはいけない。

投書を書いた人が、

①この職業を「無職」、つまり仕事がないと書くかどうかについて、……。

➔ **まとめ**：投書を書いた人が、職業を「無職」と書く。

問2　正解　3

1 :「無職」の人が少ないとは書かれていない。

2 : 仕事の名前ではないとは書かれていない。

4 :「会社員」は例の一つ。(「「元会社員」のように書いて出す人もいる（*l.*5 〜 *l.*6）」)。

1 : There is nothing written about there being few jobless people.

2 : There is nothing written about how it is not the name of the job.

4 : Company employee is an example ("「元会社員」のように書いて出す人もいる" (line 5 〜 line 6)).

1 : 文中没有提及写"无业"的人很少。

2 : 文中没有说不是职业名称。

4 : "公司职员" 只是举例一个例子。("「元会社員」のように書いて出す人もいる（第 5 行到第 6 行）")。

1 : Không viết rằng có ít người "không có việc làm".

2 : Không viết rằng đó không phải là tên nghề nghiệp.

4 : "Nhân viên văn phòng" chỉ là một ví dụ. ("「元会社員」のように書いて出す人もいる (dòng 5-6)")

解答のポイント　省略されている言葉が長いこともあるので、気をつけよう

Be careful, as the omitted words may be long.
也需要注意，有时被省略的词语很长。
Cần chú ý có trường hợp phần được lược bỏ khá dài.

［この書き方を嫌がるのはどうして？］(*l.*5 〜 *l.*7)

②「無職」という書き方を嫌がる人は多い。……

「無職」という書き方を嫌がる のは、

仕事がないことは能力の低さを表すと感じる人が多い から のようだ。

　　　　　　　　［理由］　　　　　　　　　　　　　　　理由を示す

問3　正解　2

1 :「使わないほうがいい」とは書かれていない。

3 :「何も書かない」場合のことは書かれていない。

4 :「主婦」のほうがイメージが悪いと思う人もいる。(「「主婦」と書くと、「夫のお金で生活しています」と言っているようで嫌なのだそうだ（*l.*8 〜 *l.*9)」)

1 : There is nothing written about "使わないほうがいい".

3 : There is nothing written about what happens when "何も書かない."

4 : There are also people who think that "homemaker" gives a bad impression. ("「主婦」と書くと、「夫のお金で生活しています」と言っているようで嫌なのだそうだ" (line 8 〜 line 9)).

1 : 文中没有说 "使わないほうがいい"。

3 : 文中没有提及 "何も書かない" 的情况。

4 : 也有人对 "主妇" 这个词印象不佳。("「主婦」と書くと、「夫のお金で生活しています」と言っているようで嫌なのだそうだ（第 8 行到第 9 行）")

1 : Không viết rằng "使わないほうがいい".

3 : Không đề cập đến trường hợp "何も書かない".

4 : Cũng có người nghĩ rằng "nội trợ" cho ấn tượng xấu nhiều hơn. ("「主婦」と書くと、「夫のお金で生活しています」と言っているようで嫌なのだそうだ (dòng 8-9)")

解答のポイント　省略に注意して読もう

Read while being careful of omissions.
阅读时注意省略。
Chú ý đến phần lược bỏ khi đọc.

[筆者はどう考えている？]（*l.*9 〜 *l.*10）

私は、

「無職」には悪いイメージしかないと思っていたが、そうでもないらしい。
　　　　　　　　　　　　　　　　[過去の考え]　　　　　　　　　　　[推測（＝「私の考え」を含む）]

→ まとめ ：筆者は「無職」という言葉には悪いイメージしかないと思っていたが、実は悪いイメージだけではない（＝いいイメージもある）と今は考えている。

本文の要約

第１段落 読者が新聞社に投書を送る時、自分の職業を「無職」と書くかどうかについてはいろいろな意見がある。

第２段落 「無職」と書かない人は多い。仕事がないことは能力の低さを表すと考える人が多いかららしい。

第３段落 しかし、「無職」と書く人もいる。職業を「主婦」とは書きたくない人などである。「無職」という言葉には、悪いイメージだけでなくいいイメージもあるようだ。

5 回目　　　　　　　　　　　　　　　　　　　　p.18 〜 p.21

問題 I

問い　　正解　3

1：水が汚れたかどうかは書かれていない。

2：水道用の電線とは書かれていない。また、水が出なくなった時には、電線はもう修理が終わっていた。（「強風で切れた……電気も来るようになった（*l.*4）」）

4：水を使い切ったのは、電気が来る前ではなく、電気が来た後。

1：There is nothing written about whether the water is dirty.
2：There is nothing written about the electric cable for the waterworks. In addition, the electric cable had already been repaired when the water stopped ("強風で切れた……電気も来るようになった" (line 4)).
4：The people in town ran out of water after the power came back on, not before.

1：文中没有提及水是否被污染。
2：文中没有提及自来水管道使用的电线。另外，自来水不出水的时候，电线已经修理完毕了。（"強風で切れた……電気も来るようになった（第 4 行）"）
4：水用完了不是在来电之前，而是在来电之后。

1：Không viết rằng nước có bị bẩn hay không.
2：Không viết rằng đó là dây điện dùng dẫn nước. Ngoài ra, dây điện đã được sửa xong lúc nước ngừng chảy. ("強風で切れた……電気も来るようになった（dòng 4）")
4：Người ta dùng hết nước không phải lúc trước khi có điện mà là sau đó.

理由を示す表現に注意しよう

Be careful of phrases that indicate a reason.
注意表示原因的表达方式。
Chú ý đến mẫu câu chỉ lý do.

[水が出なくなったのはどうして？] (l.4 〜 l.7)

ところが、今度は水道から水が出なくなってしまった。水を出すのに電気が必

要なマンションの住人、お湯を使いたがった人たちが、同時にトイレやシャワー

を使った ため 、A町の水道用の水が足りなくなった のだ そうだ。
　　　　　　理由を示す　　　　　　[水が出なくなった理由]　事情の説明（理由）

➡ まとめ ：いろいろな人が同時に水を使ったので、水道用の水が足りなくなって水が出

なくなった。

ここが大切

A ため（に）B　理由を示す

Indicates a reason.　列明原因。　Chỉ lý do.

⊚Bの理由がAに書かれている。

The reason for B is written in A.　写在A处的是B发生的原因。　Lý do dẫn đến B được viết ở A.

〜のだ　事情を説明して理由を示す

Explains the situation and then indicates the reason.
解释说明缘由，列明原因。
Giải thích tình huống và chỉ ra lý do.

⊚「〜のだ」の前の文の理由を「〜」で説明している。

The reason for the text before "〜のだ" is explained with "〜".
在"〜のだ"的"〜"解释说明前面的句子的原因。
Lý do của câu nằm trước "〜のだ" được giải thích ở phần "〜".

問題2

問い　　正解　4

1：自然を守る心を育てるためにおもちゃを作

　るのではない。

2：お金については何も書かれていない。

3：おもちゃ作りのために木を切るのではない。

1 : They do not make toys in order to develop a mindset of protecting the environment.
2 : There is nothing written about money.
3 : They do not cut down trees in order to make toys.

1 : 不是为了培育守护自然的心灵而制作玩具的。
2 : 关于金钱文中没有提及。
3 : 不是为了制作玩具才去砍伐树木的。

1 : Không phải làm đồ chơi để nuôi dưỡng tinh thần bảo vệ thiên nhiên.
2 : Không viết gì về chuyện tiền bạc.
3 : Không phải chặt cây để làm đồ chơi.

Be careful of phrases that indicate a reason.
注意表示原因的表达方式。
Chú ý đến mẫu câu chỉ lý do.

［おもちゃ作りセミナーを始めるのはどうして？］(l.4 ～ l.6)

間伐材が捨てられるのは

間伐材は捨てられてしまうことが多いのです。もったいないですね。
[理由]

そこで 、れいわ町では、間伐材を使ったおもちゃ作りセミナーを始めるこ
前の文が理由であることを示す　　　　　　　　[結果]

とにしました。

→ まとめ ：間伐材を捨てるのはもったいない（＝無駄にしたくない）ので、間伐材を
使ったおもちゃ作りセミナーを始めることにした。

ここが大切

そこで

直前に書かれている状況（理由）の結果として、後ろに書かれた行動をすることを示す

Indicates taking the action written afterwards as the result of the situation (reason) written directly beforehand.
表示因为前项叙述的状况（原因），才做后项的行为。
Chỉ việc thực hiện hành động được ghi ở phía sau, như là kết quả của tình trạng (lý do) được ghi ngay phía trước.

⊙「そこで」の前に、「理由」が書かれている。

The reason is written before "そこで."
"そこで"前项叙述的是 "原因"。
Phần "lý do" được ghi phía trước "そこで".

問題3

問I　正解　2

1：会社に早く着くかどうかは書かれていない。

3：バスの中が見えることは気持ちがいいわけ
ではない。

4：朝、きれいな風景が見えるとは書かれてい
ない。

1：There is nothing written about whether the writer will arrive at the company early.
3：The reason is not that the writer feels good from being able to see inside the bus.
4：There is nothing written about being able to see pretty scenery in the morning.

1：文中没有提及是否要早到公司。
3：能够看到公交车的里面这并不是心情好的原因。
4：文中没有提及早上能看到美丽的风景。

1：Không viết về chuyện có đến công ty sớm hay không.
3：Nhìn thấy được phía trong xe buýt không hẳn làm người này thấy dễ chịu.
4：Không viết rằng người này thấy được cảnh đẹp vào buổi sáng.

その結果になる「条件」をよく見よう

Look carefully at the conditions that create the result.
仔细阅读导致结果的"条件"。
Cùng nhìn kỹ "điều kiện" dẫn đến kết quả được đề cập.

[とても気持ちがいいのは、なぜ？]（l.2 ～ l.4）

道路は混んでいて車は少しずつしか動かないし、バスの中は人でいっぱいだ。

みんな我慢して乗っている。

その 横を自転車で走っていく と とても気持ちがいい。
［とても気持ちがいいときの条件］条件を示す

➡ まとめ ：渋滞で動かない車や混んだバスに乗らずに、自転車で自由に走れるので、と
ても気持ちがいい。

ここが大切

～と／～たら／～とき……

「……」が起こるときの条件が「～」であることを示す

Indicates that the conditions for when "……" occurs are "～".
"～"部分列明的是发生"……"时候的条件。
Cho biết điều kiện khi xảy ra sự việc ở "……" là "～".

◉問われている下線部を含む文の中に「と」「たら」「とき」などがあったら、そこには、理由（＝そうなる条件）が書かれていることが多い。

If the sentence including underlined text being asked about includes "と," "たら," "とき," etc., it often means that the reason (= the conditions for why something happens) are written there.
就画线部分提问时，如果包含画线部分的句子中有"と""たら""とき"等的话，很多时候那里列明的就是原因（＝成立的条件）。
Nếu có "と", "たら", "とき" v.v. trong đoạn văn có chứa phần gạch chân đang được hỏi đến thì ở đó thường có ghi lý do (＝điều kiện dẫn đến).

問2 　正解 　1

2：筆者はレンタサイクルの店の客である。

3：仕事では体を動かさない。

4：自転車に乗るのは仕事ではない。

2 : The writer is a customer of the rental bicycle shop.
3 : The writer does not move his/her body all day while working.
4 : The writer's job is not riding a bicycle.

2：文章作者是出租自行车店铺的顾客。
3：工作时坐着不动。
4：骑自行车并不是工作。

2 : Người viết đoạn văn này là khách hàng của tiệm cho thuê xe đạp.
3 : Người này không vận động cơ thể khi làm việc.
4 : Đi xe đạp không phải là công việc.

問いの文の「キーワード」を、文章中から探そう

Find the keyword within the question text.
在文章中寻找提问句中的"关键词"。
Cùng tìm "từ khóa" của câu hỏi trong đoạn văn.

問いの文：「私」はどんな仕事をしているか。

➡ キーワード：「仕事」

(l.5)

（仕事）ではパソコンばかり見ていて、椅子に座りっぱなしだ。
　　　　　　　　　　　　　　＝［長い時間座っていて全然動かない］

➡ まとめ：長い時間ずっとパソコンを使う仕事をしている。

問3　　正解　4

1・3：一番大きい理由ではない。

2：遅刻については、書かれていない。

1/3 : These are not the biggest reason.
2 : There is nothing written about being late.

1・3：不是最主要的原因。
2：关于迟到文中没有提及。

1, 3 : Không phải là lý do lớn nhất.
2 : Không viết gì về chuyện bị trễ giờ.

解答のポイント　➡ 挙げられている理由の中から、一番大きい理由を探そう

Look for the biggest reason from among the various reasons that have been put forth.
从列举的原因中找出最主要的原因。
Cùng tìm ra lý do lớn nhất trong số những lý do được liệt kê.

［自転車通勤を始めた理由は？］（l.1, l.2, l.5, l.7 ～ l.11）

最近、自転車通勤を始めた。理由はいくつかある。

まず、……［理由 1］
順番を示す（1番目）

それに、……［理由 2］
前のことにもう一つ加える

だが、何と言っても　レンタサイクルのチェーン店が家と会社のそばに
一番重要だということを示す　　　　　　　　［理由 3］

できたことが大きい。……家のそばで乗って会社のそばで返せるのだ。

私の家は坂の上にある。……仕事で疲れた帰り、坂をのぼることを考えて、

あきらめていた。今は片道だけ自転車に乗ることができるようになった。
　　　　　　　　＝［会社に行く時だけ］　＝［帰りに自転車で
　　　　　　　　　　　　　　　　　　　　　坂をのぼる必要がない］

➡ まとめ：一番大きい理由は、家と会社のそばにレンタサイクルのチェーン店ができた
おかげで、帰りに自転車で坂をのぼる必要がないということだ。

ここが大切

何<ruby>なん<rt></rt></ruby>と言<ruby>い<rt></rt></ruby>っても　「いろいろあるが、その中<ruby>なか<rt></rt></ruby>で一番<ruby>いちばん<rt></rt></ruby>」ということを示<ruby>しめ<rt></rt></ruby>す

Indicates that there are many points, but this is the main one.
表示"虽然有许多，但是其中最"。
Biểu thị ý "có nhiều thứ nhưng quan trọng nhất trong số đó là".

⟩いくつかある中<ruby>なか<rt></rt></ruby>で、一番重要<ruby>いちばんじゅうよう<rt></rt></ruby>だと思<ruby>おも<rt></rt></ruby>うことを言<ruby>い<rt></rt></ruby>う時<ruby>とき<rt></rt></ruby>に使<ruby>つか<rt></rt></ruby>われる。

Used when you want to say what you think is the most important point of several.
用于叙述几个事物中作者认为最重要的事物的场合。
Dùng khi nói rằng mình nghĩ đây là điều quan trọng nhất trong số một vài điều.

本文<ruby>ほんぶん<rt></rt></ruby>の要約<ruby>ようやく<rt></rt></ruby>

第<ruby>だい<rt></rt></ruby>１段落<ruby>だんらく<rt></rt></ruby>　最近<ruby>さいきん<rt></rt></ruby>、自転車通勤<ruby>じてんしゃつうきん<rt></rt></ruby>を始<ruby>はじ<rt></rt></ruby>めた。

第<ruby>だい<rt></rt></ruby>２段落<ruby>だんらく<rt></rt></ruby>　朝<ruby>あさ<rt></rt></ruby>、自転車<ruby>じてんしゃ<rt></rt></ruby>を使<ruby>つか<rt></rt></ruby>えば、通勤<ruby>つうきん<rt></rt></ruby>のストレスもなく、気持<ruby>きも<rt></rt></ruby>ちがいい。

第<ruby>だい<rt></rt></ruby>３段落<ruby>だんらく<rt></rt></ruby>　また、私<ruby>わたし<rt></rt></ruby>は一日中<ruby>いちにちじゅう<rt></rt></ruby>パソコンを使<ruby>つか<rt></rt></ruby>い、ずっと座<ruby>すわ<rt></rt></ruby>って仕事<ruby>しごと<rt></rt></ruby>をしているが、自転車<ruby>じてんしゃ<rt></rt></ruby>に乗<ruby>の<rt></rt></ruby>れば、運動<ruby>うんどう<rt></rt></ruby>もできるし、目<ruby>め<rt></rt></ruby>の疲<ruby>つか<rt></rt></ruby>れもとれるのだ。

第<ruby>だい<rt></rt></ruby>４段落<ruby>だんらく<rt></rt></ruby>　だが、一番大<ruby>いちばんおお<rt></rt></ruby>きい理由<ruby>りゆう<rt></rt></ruby>は、家<ruby>いえ<rt></rt></ruby>と会社<ruby>かいしゃ<rt></rt></ruby>のそばにレンタサイクルのチェーン店<ruby>てん<rt></rt></ruby>ができたことだ。会社<ruby>かいしゃ<rt></rt></ruby>のそばの店<ruby>みせ<rt></rt></ruby>で返<ruby>かえ<rt></rt></ruby>せるから、行<ruby>い<rt></rt></ruby>く時<ruby>とき<rt></rt></ruby>だけ自転車<ruby>じてんしゃ<rt></rt></ruby>に乗<ruby>の<rt></rt></ruby>れる。帰<ruby>かえ<rt></rt></ruby>りに坂<ruby>さか<rt></rt></ruby>をのぼらなくてもいいので、自転車通勤<ruby>じてんしゃつうきん<rt></rt></ruby>がしやすくなった。

---

6 回目　　　　　　　　　　　　　　　p.22 ～ p.25

問題<ruby>もんだい<rt></rt></ruby>１

問<ruby>と<rt></rt></ruby>い　　正解<ruby>せいかい<rt></rt></ruby>　2

１：「ぜひあさこちゃんも来<ruby>き<rt></rt></ruby>てね（*l*.13）（＝結婚式<ruby>けっこんしき<rt></rt></ruby>に来<ruby>き<rt></rt></ruby>てほしい）」はメールの締<ruby>し<rt></rt></ruby>めのあいさつの一<ruby>ひと<rt></rt></ruby>つ。

３：一緒<ruby>いっしょ<rt></rt></ruby>に見<ruby>み<rt></rt></ruby>てほしいとは書<ruby>か<rt></rt></ruby>かれていない。

４：一緒<ruby>いっしょ<rt></rt></ruby>に旅館<ruby>りょかん<rt></rt></ruby>に泊<ruby>と<rt></rt></ruby>まりたいのではない。

1 : "ぜひあさこちゃんも来てね" (line 13) (= please come to the wedding) is one of the greeting phrases at the end of the email.
3 : There is nothing written about going to see the venue together.
4 : The writer does not want to stay at a ryokan together.

1 : "ぜひあさこちゃんも来てね（第13行）（＝希望对方参加婚礼）" 这是邮件结尾处问候语之一。
3 : 文中没有提及希望对方一起看。
4 : 不是想要一起在宾馆住宿。

1 : "ぜひあさこちゃんも来てね（dòng 13）（= mong bạn đến dự đám cưới）" chỉ là một lời chào để kết thư.
3 : Không viết rằng muốn bạn cùng đi xem với mình.
4 : Không phải muốn cùng bạn đi nghỉ ở lữ quán.

問いの文：このメールが一番伝えたいことは何か。

➡ メールを書いた目的を探そう

Look for the purpose in writing the email.
寻找写邮件的目的。
Cùng tìm ra mục đích viết thư điện tử.

(l.6 ～ l.10)

今日はお願いがあってメールしてるの。＝［メールの目的＝お願い］

この前旅行した時に一緒に泊まった旅館のパンフレット、……、
を

ちょっと貸し てもらえない？ ［お願い］
相手にしてほしいことを示す

あの中 に「旅館で結婚式を挙げよう」って記事があったよね？

あれ、 もう一度見てみたいんだけど……。［お願い］
だから、見せてくれない？

➡ まとめ ：旅館のパンフレットの中の記事が読みたいので、パンフレットを貸してもら
いたい。

ここが大切

〜てもらえませんか／もらえない？　　相手に何かしてくれるようにお願いする

Used to ask the other person to do something for you.
请求对方帮助自己做某事。
Nhờ vả đối phương làm giúp chuyện gì đó.

⊙お願いの表現には「してください」「してもらえませんか」など多くの形がある。また、
「（私は）〜たいのですが／たいんだけど」のように、「してください」とはっきり言わな
いお願いのしかたも多い。

There are many different phrases for asking for something, such as "してください" and "してもらえませんか". In addition, there are many forms of asking where the speaker will not ask directly using "してください", such as "（私は）〜たいのですが／たいんだけど".
如"してください""してもらえませんか"等，表达请求有诸多形式的表达方式。另外，很多请求的表达方式并不是直接明说，如"（私は）〜たいのですが／たいんだけど"。
Mẫu câu nhờ vả có nhiều dạng thức như "してください", "してもらえませんか" v.v. Ngoài ra, có nhiều cách nhờ vả và không nói thẳng ra là "してください", ví dụ như: "（私は）〜たいのですが／たいんだけど".

問い　　正解　2

1：チェックはもう原山係長（＝私）が入れた。
　　（l.4）

3：山田さんではなく、原山係長の机の上におく。
　　（l.5 ～ l.6）

4：加藤さんが来たら、原山係長に電話する。（l.7
　　～ l.8）

1：Chief Harayama（＝I）already put ticks where corrections are needed（line 4）.
3：Mr. Yamada should leave the documents on Chief Harayama's desk, not Mr. Yamada's（line 5 ～ line 6）.
4：Mr. Yamada should call Chief Harayama when Mr. Katou arrives（line 7 ～ line 8）.

1：原山组长（＝我）已经做好了修改标记。（第 4 行）
3：不是放在山田的桌子上，而是放在原山组长的桌子上。（第 5 行到第 6 行）
4：加藤来了的话，要给原山组长打电话。（第 7 行到第 8 行）

1：Trưởng nhóm Harayama (＝ tôi) đã đánh dấu rồi. (dòng 4)
3：Để lên bàn của trưởng nhóm Harayama, không phải của Yamada. (dòng 5-6)
4：Khi Kato đến thì Yamada sẽ gọi điện cho trưởng nhóm Harayama. (dòng 7-8)

かいとう
解答のポイント

問いの文：山田さんがしなければならないことは何か。

➡ 原山係長（＝私）から山田さんへの「お願い」の文を探そう

Look for the requesting sentence from Chief Harayama（＝I）to Mr. Yamada.
找出原山组长（＝ 我）向山田发出请求的句子。
Cùng tìm câu "nhờ vả" trưởng nhóm Harayama (＝ tôi) gửi Yamada.

（l.4 ～ l.8）

　　私が
　　直してほしいところにチェックを入れておいたので、直してから、2 部コピー

してください。[お願い]

　1 部は A 社の加藤さんにすぐ渡せるように封筒に入れて、もう 1 部と元の資

料は私の机に戻してください。[お願い]

……

　私が戻る前に加藤さんがいらっしゃったら、資料の入った封筒をお渡しして、

お待ちいただき、私に電話をください。[お願い]

➡ まとめ：原山係長が資料をチェック　→　山田さんがすること

・原山係長がチェックした資料を直す

・直した資料を 2 部コピーする
　　1 部　＝封筒に入れる
　　1 部＋元の資料　＝原山係長の机に戻す

〈加藤さんが原山係長より早く来た場合〉
・封筒に入れた資料のコピーを加藤さんに渡す
・原山係長に電話する

問題3

|問い| 正解 3

1：「山川行きのバス」が動いていない場合も休みになる。

2：「大雨警報」が出ている場合も休みになる。

4：午前7時には、午後のことはまだわからない。

1 : Lessons will also be cancelled when the "山川行きのバス (the bus bound for Yamakawa)" is not running.
2 : Lessons will also be cancelled when the "大雨警報 (heavy rain advisory)" is being put out.
4 : The reader does not know what will happen in the afternoon at 7:00 a.m.

1 : "山川行きのバス（开往山川方向的公交车）"停止运行时学校也停课。
2 : 发布"大雨警报（大雨警报）"时学校也停课。
4 : 上午7点的时候还无法知道下午的事情。

1 : Trường hợp "山川行きのバス (xe buýt đi Yamakawa)" không hoạt động thì vẫn nghỉ học.
2 : Trường hợp có "大雨警報 (cảnh báo mưa lớn)" thì vẫn được nghỉ học.
4 : Chưa biết được chuyện buổi chiều vào lúc 7 giờ sáng.

解答のポイント

問いの文：明日の学生の行動で、正しいものはどれか。

➜ 明日、「何時に」、「どういう状況」なら、いつ授業が休みかを見よう

Find out when lessons will be cancelled tomorrow, at what time, and in what situation.
阅读明天"几点"如果是"什么样的状况"学校在什么时间段停课。
Cùng xem ngày mai, "lúc mấy giờ", "tình trạng ra sao" thì sẽ được nghỉ học buổi nào.

(l.5 ～ l.7)

午前7時に山川行きのバスが運転を中止していた場合、あるいは、大浜市内
[状況]　　　　　　　　　　　　　　　　　　　　　　　　＝［または］

に大雨警報が出ていた場合は、午前中の授業を休みとします。
[状況]

午前11時に同じ状況であった場合、午後の授業を休みとします。

➜ |まとめ|：午前が休みになる状況：午前7時にバスが運転中止、または大雨警報
　　　　　　午後が休みになる状況：午前11時にバスが運転中止、または大雨警報

問い　　正解　**3**

1：用事があって来た人は「来客用」と書いて
　　あるところに置ける。（*l*.9 ～ *l*.10）

2：シールが貼ってある自転車は置ける。（*l*.4）

4：一度もらったシールは卒業まで使える。（*l*.7）

1 : Persons with an appointment can leave their bicycles in areas marked as "For Visitors" (line 9 ～ line 10).
2 : Bicycles with a sticker on them can be left here (line 4).
4 : Once the owner has received a sticker, they can use it until the owner graduates (line 7).

1 : 来办事的人要把自行车停在写着"来客用"的地方。（第9行到第10行）
2 : 贴有贴纸的自行车可以停放。（第4行）
4 : 一次领取的贴纸直到毕业之前都可以使用。（第7行）

1 : Người đến trường vì có việc được để xe ở chỗ ghi "dành cho khách". (dòng 9-10)
2 : Được để xe đạp có dán nhãn. (dòng 4)
4 : Nhãn được trường phát có thể dùng đến khi tốt nghiệp. (dòng 7)

かいとう
解答のポイント

問いの文：この自転車置き場に自転車が置けないのは、どの人か。

➡ どんな場合に、「置けない」かを探そう

Look for the situation when one cannot leave their bicycle.
寻找什么情况下"不能停放"。
Cùng tìm xem trong trường hợp nào thì "không được để xe".

（*l*.3 ～ *l*.6, *l*.9 ～ *l*.10）

（1）学生のみなさんへ

・自転車に学校のシールが貼ってあるものだけが、ここに置けます。
　　　　　　＝［学生は、自転車にシールが貼られていないと、置けない］

・シールをもらうには、……。学校から家まで2キロ以上の人だけが申し込めます。
　　　　　　＝［家まで2キロ未満の学生は、シールがもらえない＝置けない］

……

（2）用事があって来られた方へ

・置き場の中の「来客用」と書いてあるところに置いてください。
　　　　　　＝［客は、みんな自転車が置ける］

➡ まとめ ：・自転車が置けない人　＝学校からもらったシールを貼っていない学生
　　　　　　・シールがもらえない学生＝家まで2キロ未満の人

⇓

家まで2キロ未満の人は、自転車が置けない。

問題 I

問い   正解   I

2：自分を変えることについては書かれていない。

3：感謝を相手に伝えるかどうかは書かれていない。

4：いい関係に戻るかどうかはわからない。（「また「同じ方向」を向く日も来るかもしれません。（l.6）」）

2：There is nothing written about changing oneself.
3：There is nothing written about whether to convey gratitude to the other person or not.
4：It is not clear if they can return to a good relationship （"また「同じ方向」を向く日も来る<u>かもしれません。</u>"（line 6））.

2：文中没有提及改变自己。
3：文中没有提及是否要向对方表达谢意。
4：不知道能否恢复良好的关系。（"また「同じ方向」を向く日も来る<u>かもしれません。</u>（第6行）"）

2：Không viết về chuyện thay đổi chính mình.
3：Không viết về chuyện có biểu lộ lòng biết ơn đến đối phương hay không.
4：Không biết được mối quan hệ có tốt trở lại hay không.（"また「同じ方向」を向く日も来る<u>かもしれません。</u>（dòng 6）"）

解答のポイント

問いの文：この文章を書いた人の意見として、正しいものはどれか。

➡ 筆者の意見を探そう

Look for the opinion of the writer.
寻找本文作者的观点。
Cùng tìm ý kiến của người viết đoạn văn này.

（l.4 ～ l.6）

このとき、<u>無理に相手の「向き」を変えようとすると</u>、関係は悪化します。

それ より、楽しく一緒に過ごせたことに感謝して、静かに離れたほうがいい
　　　　　　　　　　　　　　　　　　　　　　　　　　　　　［意見］

のではないでしょうか。
　　　意見を示す

➡ まとめ ：無理に相手を変えようとせず、友達としてのつきあいをやめてみる（＝静かに離れてみる）のがいいと思う。

ここが大切

～（の）ではない（でしょう / だろう）か   意見を述べる

Indicates an opinion.
阐述观点。
Trình bày ý kiến.

⊃「〜（の）ではない（でしょう／だろう）か」は、「〜と思う」という意味。「〜」を否定する表現ではないので注意。

"〜（の）ではない（でしょう／だろう）か" means to "I think 〜". Be aware that it is not a phrase denying "〜".
"〜（の）ではない（でしょう／だろう）か" 是"我认为〜"的意思。要注意这个表达方式并不是否定"〜"部分。
"〜（の）ではない（でしょう／だろう）か" nghĩa là "Tôi nghĩ rằng 〜". Lưu ý đây không phải là mẫu câu phủ định phần "〜".

問題2

問い　　正解　4

1：子供の少なさは問題ではないとは書かれていない。

2：子供のいる幸せについては書かれていない。

3：両親のための政策はすでにある。

1 : There is nothing written about few children not being a problem.
2 : There is nothing written about the happiness of having children.
3 : There are already policies for parents.

1：文章没有说儿童少不是问题。
2：文章没有提及拥有孩子的幸福。
3：目前已经有体恤作为父母的人的政策。

1 : Không viết rằng ít trẻ em không phải là vấn đề.
2 : Không viết về niềm hạnh phúc khi có con.
3 : Các chính sách dành cho phụ huynh đã có rồi.

解答のポイント

問いの文：この文章を書いた人が一番言いたいことは何か。

➡ 筆者の意見を探そう

Look for the opinion of the writer.　寻找本文作者的观点。　Cùng tìm ý kiến của người viết đoạn văn này.

(l.3 〜 l.6)

子供は両親二人だけでなく、社会全体で育てていくものだ。

子供がいない人も子育てに協力できるシステムがあれば、子供は育てやすく

なる に違いない 。

　意見を示す

||
[言い換え]
||

国民の多くが参加できる子育て政策ができれば、人口が減るのも止められ

るだろう。

[意見]

➡ まとめ ：子供がいない人も子育てに協力できる政策ができれば、人口が減るのを止められるだろう。

ここが大切

～に違いない　　きっと～と思う。強い確信を述べる表現

It means "I am sure ～." A phrase that expresses one's strong conviction.
意思是 "我认为一定～"，表达强烈的确信语气。
Có nghĩa "Tôi nghĩ chắc chắn là ～". Cách diễn đạt thể hiện sự tin chắc của người nói.

> 文章中に「～に違いない」がある場合、そこに筆者の意見がある。

If "～に違いない" is in the text, it shows where the writer's opinion is.
文章中有 "～に违いない" 的地方就是作者表达观点之处。
Nếu có "～に違いない" trong đoạn văn thì ở đó sẽ có ý kiến của người viết.

問題3

問 1　　正解　2

1：髪の毛を黒くするのは規則の一つ。多くの規則がある理由ではない。

3：規則は数が多いほどいいとは書かれていない。

4：規則を守れない人が勉強ができないとは書かれていない。

1 : Dyeing one's hair black is required by one of the rules. It is not the reason why there are many rules.
3 : There is nothing written about how having more rules is better.
4 : There is nothing written about how people who cannot follow the rules get bad grades.

1：把头发染黑也是校规之一。这并不是有诸多校规的原因。
3：文章没有说校规越多越好。
4：文章没有说不遵守校规的人学习成绩不好。

1 : Làm đen tóc là một trong số những nội quy. Không phải là lý do có nhiều nội quy.
3 : Không viết rằng càng có nhiều nội quy càng tốt.
4 : Không viết rằng người không biết tuân thủ nội quy sẽ không thể học tốt.

解答のポイント

問いの文：春子さんの学校には①なぜこのように多くの規則があるのか。

→ 理由を探そう　Look for the reason.　寻找原因。　Cùng tìm lý do.

(l.6 ～ l.7)

①なぜこのように多くの規則があるのだろう。それは、この学校には「外見がきちんとしていないと、きちんとした人間になれない」という考え方がある
＝[きちんとした人間になるには、外見がきちんとしていなければならない]　　[理由]

からだ。
理由を示す

→ まとめ：外見についての規則が多いのは、きちんとした人間になるためには、外見もきちんとしていなければならないと考えられているからである。

1 ： 小中学校の話は出てきていない。

2 ： 「他の学校」と言ったのは、A 高校の先生

　　ではない。

4 ： 規則が少ないのは「他の学校」ではなく、

　　話している先生の学校。

1 : There is no talk about elementary schools and junior high schools.

2 : The one who said "other schools" is not the teacher of A High School.

4 : The school without many rules is that of the teacher who is talking, not "other schools".

1 : 文章没有谈及小学和初中。

2 : 说 "其他学校" 的人并不是 A 高中的老师。

4 : 校规少的学校不是 "其他学校"，而是正在说话的老师的学校。

1 : Không đề cập gì đến chuyện của trường cấp 1 và cấp 2.

2 : Người nói "trường khác" không phải là giáo viên của trường trung học A.

4 : Nơi có ít nội quy không phải là "trường khác", mà là trường của giáo viên đang nói.

解答のポイント

問いの文： 他の学校②とはどのような学校か。

➡ どんな学校から見て、「他の学校」と言っているか、考えよう

Consider the term "other schools". from the perspective of which school he/she uses.

要思考作者是以什么学校为参考来谈论 "其他学校"。

Cùng suy nghĩ xem người nói "trường khác" là đang nhìn từ góc độ của trường nào.

(l.8 ～ l.9)

規則の少ない高校の先生に聞くと、

　　　　勉強や生活で②他の学校と違う点はないと言っていた。

その先生の学校は

➡ **まとめ** ： 規則の少ない高校（＝その先生の学校）は、勉強や生活で他の学校（＝規則の多い高校）と違う点はない。

1 ： 「髪」は例の一つで、一番言いたいことで

　　はない。

2 ： 筆者の意見と反対。

3 ： 規則を守っているかどうか確かめるべきだ

　　とは書かれていない。

1 : "Hair" is one example, and not what the writer most wants to say.

2 : This is opposite to the opinion of the writer.

3 : There is nothing written about confirming whether students are following the rules.

1 : "头发" 只是一个例子，并不是最想表达的观点。

2 : 与本文作者的观点相反。

3 : 文中没有提及应该核实是否遵守校规。

1 : "Tóc" chỉ là một ví dụ, không phải điều muốn nói nhất.

2 : Ngược lại với ý kiến của người viết đoạn văn này.

3 : Không viết rằng có nên kiểm tra việc tuân thủ nội quy hay không.

解答のポイント

問いの文：この文章を書いた人が一番言いたい意見は何か。

➡ **筆者の意見を探そう** Look for the opinion of the writer. 寻找本文作者的观点。 Cùng tìm ý kiến của người viết đoạn văn này.

(*l.*6 ～ *l.*8, *l.*10 ～ *l.*11)

この学校には「外見がきちんとしていないと、きちんとした人間になれない」

という考え方があるからだ。

　しかし、本当に そう 言える のだろうか 。

否定的な意見を示す（＝「いいえ、そう言えない」）

……

何のため、だれのための規則なのか、もう一度考えるべき ではないだろうか 。

　　　　　　　[意見]　　　　　　　　　　　　意見を示す

➡ まとめ ：「外見がきちんとしていなければ、きちんとした人間になれない」という考え方は間違っている。学生のために本当に必要な規則かどうか（＝「何のため、だれのための規則なのか」）考えるべきである。

ここが大切

〜（の）（だろう）か　話題の事柄に対して否定的な考えであることを示す

Indicates that the writer thinks negatively of the subject being discussed.
表明作者对谈论的事物持否定观点。
Cho biết đây là suy nghĩ mang tính phủ định đối với sự việc đang được đề cập.

▷「いいえ、〜ではない」という意見であることが多い。「本当に」「いったい」などとよく一緒に使われる。

Often used to express opinions along the lines of "no, it is not 〜". Often used together with terms such as "本当に" and "いったい".
作者观点经常是"不，不是〜"。经常与"本当に""いったい"等词语搭配使用。
Thường là ý kiến dạng "Không, không phải 〜 đâu". Hay được dùng kèm với "本当に", "いったい" v.v..

▷文章中の疑問文は、筆者の意見やテーマなど、重要なポイントを示している場合が多いので注意。

Be aware that question sentences within text are often used to indicate important points, such as the writer's opinion or themes.
需要注意阅读文章中的疑问句，疑问句经常是提示作者的观点、文章的主题等重要要点。
Lưu ý là câu nghi vấn trong văn bản thường biểu thị những điểm quan trọng như ý kiến của người viết hoặc chủ đề đoạn văn.

本文の要約

第１段落 Ａ高校の春子さんは生まれた時から髪が茶色いが、黒く染めている。高校の規則で髪は黒と決まっているせいだ。Ａ高校は規則が多い。

8 回目

p.30 ～ p.33

問題 1

問い　　正解　4

1：電車の中での自分の位置を入力する。電車がどこにいるかはこのアプリではわからない。（「車内での位置を入力すると (l.3 ～ l.4)」）

2：電車の乗り換えについては書かれていない。

3：ゲームのアプリではない。

1 : The passenger inputs his/her own position within the train. The app does not say where the train is. ("車内での位置を入力すると" (line 3 ～ line 4)).

2 : There is nothing written about changing trains.

3 : This is not a game app.

1 : 是输入自己在电车中的位置。这款应用程序无法查询电车位于哪里。（"车内での位置を入力すると（第 3 行到第 4 行）"）

2 : 文章没有提及电车的换乘。

3 : 这款应用程序不是游戏。

1 : Người dùng nhập vị trí bên trong tàu điện của mình vào ứng dụng. Ứng dụng này không cho biết tàu điện đang ở đâu. ("車内での位置を入力すると（dòng 3-4）")

2 : Không viết về chuyện đổi tàu.

3 : Không phải ứng dụng trò chơi.

解答のポイント

問いの文：そのアプリを配信しているのは鉄道会社だとあるが、どのようなアプリか。

➡ 「そのアプリ」の「その」が指しているものを探そう

Look for what the "その" of "そのアプリ" is pointing to.
寻找 "そのアプリ" 中 "その" 所指代的内容。
Cùng tìm phần mà chữ "その" trong "そのアプリ" chỉ.

(l.2 ～ l.6)

最近では、電車の中で運動できるアプリができたそうだ。乗る駅と降りる

そのアプリに

駅、車内での位置を入力すると、つり革などを使った運動を紹介してくれる。

……そのアプリを配信しているのは鉄道会社だということだ。

➡ まとめ：鉄道会社が電車の中で運動ができるアプリを配信している。

問題2

問い　　**正解**　　**3**

1：子供を集めるのが簡単になったとは書かれていない。

2：必要な知識が違っていたのは、「それまで（l.2）」＝ 19世紀より前。

4：工場で働く前に、字や数を勉強する必要があった。

1 : There is nothing written about it becoming easy to gather children.
2 : The necessary knowledge varied until "それまで" (line 2) = before the 19th century.
4 : Before working in a factory, children had to learn to write and do mathematics.

1：文章没有说把孩子集合起来变得容易了。
2：每个人所需要的知识是不一样的，这是指"それまで（第2行）"＝ 19世纪之前的情况。
4：在进入工厂劳动之前，必须学会识字和数数。

1 : Không viết rằng việc tập hợp trẻ em lại đã trở nên dễ dàng.
2 : Thời mà những kiến thức cần thiết còn khác nhau là "それまで（dòng 2）" = trước thế kỷ 19.
4 : Cần học chữ và số trước khi vào làm việc ở nhà máy.

解答のポイント

問いの文： <u>今の学校の形は、19世紀に始まった</u>とあるが、それはなぜか。

➡ 「今の学校の形」とはどういうものか

What is the format of current schools.
"今天学校的形态"是指什么。
"Dạng thức trường học hiện nay" là như thế nào?

➡ その形になった理由を探そう

Look for the reason why they have taken that form.
寻找变成这种形态的原因。
Cùng tìm lý do khiến dạng thức trở thành như thế.

(l.1 ～ l.6)

　<u>同じ年齢の子供が同じ部屋に集まって先生に教えてもらうという</u>

　[今の学校の形]は、19世紀に始まった。

　……

　[理由] { ところが、19世紀になると、……工場で働く人が必要になった。

　字が読め、数が数えられる人を大勢集める必要が生まれたのだ。

　[それで]、同じ年齢の子供を集め、全員に同じ内容を教えるようになった
　前の部分が理由であることを示す　　　　　　　　[結果]
　のである。

➡ **まとめ**：今の学校の形が19世紀に始まったのは、工場のために字と数がわかる労働者が大勢必要になったからである。

問題3

問1　　　正解　3

「危ないところがあるかどうか調べてくれる」
＝点検してくれる

1：混雑をなくすわけではない。（「いつ、どこ
　　で道路が混雑するかの予想（*l*.1）」）

2：人を教育するのではなく、人が AI を教育
　　する。（「人間が見本を示しながら AI を教
　　育する（*l*.4）」）

4：点検はしなければならない。（「古い橋や
　　……つまり点検など（*l*.1 ～ *l*.2）」）

"危ないところがあるかどうか調べてくれる"= AI will examine them

1：It will not get rid of congestion ("いつ、どこで道路が混雑するかの予想" (line 1)).
2：AI will not teach humans, humans will teach AI ("人間が見本を示しながら AI を教育する" (line 4)).
4：There must be an examination of bridges and roads. ("古い橋や……つまり点検など" (line 1 ～ line 2)).

"危ないところがあるかどうか調べてくれる"＝检修

1：并不是消除道路拥堵。("いつ、どこで道路が混雑するかの予想（第 1 行）")
2：不是教育人，而是人对 AI 实施教育。("人間が見本を示しながら AI を教育する（第 4 行）")
4：必须进行检修。("古い橋や……つまり点検など（第 1 行到第 2 行）")

"危ないところがあるかどうか調べてくれる"= kiểm định giúp

1：Không hẳn là xóa bỏ nạn tắc nghẽn. ("いつ、どこで道路が混雑するかの予想（dòng 1）")
2：Không phải dạy cho người mà là người dạy cho AI. ("人間が見本を示しながら AI を教育する（dòng 4）")
4：Phải kiểm định. ("古い橋や……つまり点検など（dòng 1-2）")

解答のポイント

問いの文：AI に関して、この文章に書かれていることはどれか。

➡ 問題の選択肢をチェックしよう

Check the options of the question.　把提问中的选项确认一下。　Cùng kiểm tra những lựa chọn để bài cho.

➡「AI」ができることを文章から探そう

Look for what AI can do from the text.　从文章中寻找 "AI" 能够做的事。　Cùng tìm trong văn bản những thứ "AI" có thể làm.

> (*l*.1 ～ *l*.2)
>
> AI は多くの分野で使われている。いつ、どこで道路が混雑するかの予想や、
>
> 古い橋や道路が危険かどうかのチェック、つまり点検などもその例だ。

➡ まとめ：AI は道路の混雑予想、橋や道路の点検に使われる。

問2　　　正解　1

解答のポイント

問いの文：それとは何か。

➡「それ」の指しているものを探そう

Look for what "それ" is pointing to.　找出 "それ" 所指代的内容。　Cùng tìm phần mà chữ "それ" chỉ.

(l.6 ～ l.7)

自動車につけたビデオカメラで道路の様子を撮ると、AI が それ を見て問題

のあるところを見つけてくれる。

➡ まとめ ：AI は、自動車から撮った道路の様子の映像を見て、問題のあるところを見

つけてくれる。

問3　　正解　1

2：写真の研究については書かれていない。

3：仕事で間違いをするようになるかどうかは
書かれていない。

4：研究は続ける。（「注意しながら研究する
……（l.10）」）

2：There is nothing written about studying photographs.

3：There is nothing written about whether AI would be likely to make mistakes in their jobs.

4：Research will be continued. ("注意しながら研究する……" (line 10)).

2：文中没有提及研究照片。

3：文中没有提及工作中是否会出错。

4：研究在持续进行中。（"注意しながら研究する……（第10行）"）

2：Không viết về chuyện nghiên cứu hình ảnh.

3：Không viết rằng sau này có mắc lỗi trong công việc hay không.

4：Vẫn tiếp tục nghiên cứu. ("注意しながら研究する…… (dòng 10)")

解答のポイント

問いの文：この文章の内容と合うものはどれか。

➡ 問題の選択肢をチェックしよう

Check the options of the question.
把提问中的选项确认一下。
Cùng kiểm tra những lựa chọn đề bài cho.

➡ 「将来の AI」について書かれていることを文章から探そう

Look for what is written in the text about "AI of the future".
从文章中找出关于"将来的AI"的内容。
Cùng tìm trong đoạn văn phần viết về "AI trong tương lai".

(l.9 ～ l.10)

忘れたり失敗したりしない AI だが、人間以上になった時、何を始めるかは

予想できないらしい。＝［将来、危険なことをする可能性がある］

注意しながら研究する必要があるということだ。

➡ まとめ ：AI は便利だが、将来、人間にとって危険なことをする可能性があるので、

注意して研究しなければならないそうだ。

だい　だんらく
第1段落 AIは、多くの分野で使われている。人間がうまく教育すれば、道路の点検な
まち が
どが間違いなくできるという。

だい　だんらく
第2段落 ビデオカメラで道路を撮ると、AIが道路で問題があるところを知らせてくれ
のうりょく　にんげん　こ　ひ　ちか　い
る。AIの能力が人間を超える日も近いと言われている。

だい　だんらく
第3段落 そうなると、将来AIが何をするか予想できない。AIの研究は注意しながら行う
ひつよう
必要があるそうだ。

9 回目　　　　　　　　　　　　　　　　　　　　　　　　　　　p.34 〜 p.37

もんだい
問題Ⅰ

問1　　せいかい
正解　2

1：山田町の祭りは有名ではない祭りの例。
ゆうめい　まつ
（「有名な祭りだけでなく……（*l.*3)」）

3：山田町がSNSで発信しているとは書かれ

ていない。

むかし　かんこうきゃく　き　　か
4：昔、観光客が来ていたかどうかは書かれて

いない。

1 : The festival in Yamada Town is an example of a festival that is not famous. ("有名な祭り<u>だけでなく</u>……" (line 3)).

3 : There is nothing written about Yamada Town sending out information on social media.

4 : There is nothing written about whether tourists would come to the town in the past.

1 : 山田镇的庙会是非著名庙会的一个例子。("有名な祭り<u>だけでなく</u>……（第3行）")

3 : 文章没有提及山田镇在SNS上发布信息。

4 : 文章没有提及以前是否有游客。

1 : Lễ hội của thị trấn Yamada là một ví dụ cho những lễ hội không danh tiếng. ("有名な祭り<u>だけでなく</u>……（dòng 3)")

3 : Không viết rằng thị trấn Yamada đăng tin lên SNS （dịch vụ mạng xã hội).

4 : Không viết rằng ngày xưa có khách du lịch tới hay không.

かいとう
解答のポイント

と　ぶん　やまだちょう　まち
問いの文：①山田町はどのような町か。

まつ　なに　さ　さが
➡「そのような祭り」が何を指しているか探そう

Look for what "そのような祭り" is pointing to.
寻找 "そのような祭り" 所指代的内容。
Cùng tìm xem "そのような祭り" chỉ cái gì.

(l.3 ～ l.4)

有名な祭りだけでなく、小さな町の伝統的な祭りも注目されるようになった。

①山田町も そのような祭り を続けている町の一つである。

→ まとめ ：山田町＝伝統的な祭りを続けている小さな町

問2　正解　4

1：必ず有名になるとは書かれていない。

2：祭りが有名になったら、経済がよくなると考えていた。

3：新しい祭りではない。（＝「伝統的な祭り（l.3）」）

1 : There is nothing written about towns that have festivals being guaranteed to become famous.
2 : The belief was that if a festival became famous, it would become profitable.
3 : It is not a new festival. (＝"伝統的な祭り"（line 3）).

1：文章没有说肯定会出名。
2：过去一直认为庙会出名之后、会有益于经济发展。
3：这里的庙会不是新近开始的。（＝"伝統的な祭り（第 3 行）"）

1 : Không viết rằng chắc chắn sẽ trở nên nổi tiếng.
2 : Người ta đã nghĩ rằng khi lễ hội được biết đến rộng rãi thì kinh tế sẽ tốt lên.
3 : Không phải là lễ hội mới. (＝"伝統的な祭り (dòng 3)")

解答のポイント

問いの文：②そう考えていたとは、ここではどういう意味か。

→ 「そう」が何を指しているか探そう

Look for what "そう" is pointing to.
寻找 "そう" 所指代内容。
Cùng tìm xem "そう" chỉ cái gì.

(l.5 ～ l.6)

祭りの

人気が出るのはいいことだ。地元の店を利用する客も増えて経済的にプラ

スになる。

……山田町の人たちは②そう考えていた。

→ まとめ ：山田町の人たちは、祭りの人気が出れば（＝人が集まれば）、経済的にプラスになる（＝町の経済がよくなる）と考えていた。

1：悪い評判が広まったのは、この町の祭りで

はない。（*l*.8 ～ *l*.9）

3：問題の解決方法については書かれていな

い。

4：橋が壊れたのは悪い結果の例の一つ。

（*l*.7）

1 : It is not the festival of this town that received a bad review（line 8 ～ line 9）.

3 : There is nothing written about ways to resolve the problem.

4 : The broken bridge is one example of a bad result（line 7）.

1：恶名远扬的不是这所小镇的庙会。（第 8 行到第 9 行）

3：文章没有提及解决问题的方法。

4：桥梁断裂只是不好的结果的一个例子。（第 7 行）

1 : Cái bị lan truyền tiếng xấu không phải là lễ hội của thị trấn này.（dòng 8-9）

3 : Không viết về phương pháp giải quyết vấn đề.

4 : Cầu bị gãy là một ví dụ của những hậu quả xấu.（dòng 7）

解答のポイント

問いの文： ③祭りをやめようという意見が出てきたのは、なぜか。

➡ 理由を探そう

Look for the reason.
寻找原因。
Cùng tìm lý do.

（*l*.6 ～ *l*.10）

ところが今年、

［理由］{ ある町では人が集まりすぎて小さい橋が壊れ……。

……予想とは逆に悪い評判ばかりが広がってしまう町もあった。

＝［期待とは逆に、悪い結果になってしまった町がある。］

そのため、山田町では③祭りをやめようという意見が出てくるようになったそうだ。

前に理由があることを示す　　　　　　　　　　　　　　　　　　　［結果］

➡ まとめ：期待とは逆に、悪い結果になってしまった町がある。だから、山田町で、祭りをやめようという意見が出るようになった。

| 問4 | 正解　2 |

1：子供か大人かは関係がない。（「住民が協力
　　して……と私は思う（*l*.12）」）

3：客ではなく、住民のための祭りにしたほう
　　がいいと述べている。（*l*.15 〜 *l*.16）

4：評判についての意見は述べていない。

1：Whether it is children or adults is irrelevant. (" 住民が協力して……と私は思う " (line 12)).
3：The text indicates that it should be a festival for residents, not for visitors (line 15 〜 line 16).
4：The text does not indicate an opinion about reviews.

1：不管是孩子还是大人都没有关系。（"住民が協力して……と私は思う（第 12 行）"）
3：作者说不是为了游客，而是应该为了当地居民举办庙会。（第 15 行到第 16 行）
4：关于别人的评论作者没有阐述观点。

1：Không liên quan đến chuyện là trẻ con hay người lớn. ("住民が協力して……と私は思う（dòng 12）")
3：Người viết trình bày rằng nên tổ chức lễ hội cho cư dân thì tốt hơn là cho khách du lịch. (dòng 15-16)
4：Không đề cập đến ý kiến về danh tiếng.

解答のポイント

問いの文：この文章を書いた人が一番言いたいことは何か。

➡ 意見を探そう

Look for an opinion.
寻找作者观点。
Cùng tìm ý kiến.

(*l*.11 〜 *l*.16)

経済的なメリットだけが理由な のだろうか 。
否定的な意見を示す
＝「いいえ、経済的なメリットだけではない」

住民が協力して祭りを準備する、そのこと自体が……貴重な文化だ

と私は 思う 。
意見を示す

……町の住人としての仲間意識が強くなり、「いい町を作っていこう」

という気持ちも高まる。

[意見]

これ は、町にとって一番大切なこと ではないか 。
意見を示す

観光客のためではなく、自分たちのための祭りに戻るのもいい

のではないだろうか 。
意見を示す

➡ | まとめ |：祭りは経済的メリットのためだけにするのではない。一番大切なことは、祭
りのために住民が協力して活動し、仲間意識を強めることだ。客のためでは
なく、自分たちのための祭りにしたほうがいい。

第１段落　ここ数年、祭りが人気になっている。有名な祭りだけでなく、小さな祭りも人気がある。

だい だんらく
第２段落　ところが、急に人が集まるようになったので、いろいろな問題が起こるようになり、祭りをやめようと考える町も出てきた。

だい だんらく
第３段落　しかし、祭りは観光客のためにするものではない。町の住民たちが一緒に活動することで、仲間意識が強くなる。これが祭りの大切な効果である。

もんだい
問題２

せいかい
問１　　正解　**3**

きのした じかん はたら
１：木下さんは４時間しか働けない。

こうつう ひ きのした きんようび
２：交通費がもらえない。木下さんは金曜日は
はたら じ じ はたら
働けない。10時～17時は働けない。

こうつう ひ きのした きんようび
４：交通費がもらえない。木下さんは金曜日は
はたら
働けない。

1 : Mr. Kinoshita can only work four hours.
2 : Travel expenses are not provided. Mr. Kinoshita cannot work on Fridays or from 10 : 00 to 17 : 00.
4 : This option does not cover travel expenses. Mr. Kinoshita cannot work on Fridays.

1 : 木下只能上班工作 4 个小时。
2 : 无法得到交通补助。木下周五不能上班。上午 10 点到下午 5 点期间不能上班。
4 : 无法得到交通补助。木下周五不能上班。

1 : Kinoshita chỉ làm việc được 4 tiếng.
2 : Không được trả phí đi lại. Kinoshita không làm vào thứ 6 được. Không làm từ 10 giờ – 17 giờ được.
4 : Không được trả phí đi lại. Kinoshita không làm vào thứ 6 được.

かいとう じょうほうけんさく と ぶん よ じょうほう さが
解答のポイント　情報検索では、まず「問いの文」をよく読んで、情報を探すための
み つぎ せんたくし み さが ばしょ しぼ
キーワードを見つけよう。次に選択肢を見て、探す場所を絞ろう。

When retrieving information, first carefully read the question sentence, then find keywords that will help look for information. Then look at the options, and narrow down the places to search.
在做信息检索题时，首先认真阅读 "提问句"，寻找信息找到关键词。其次阅读选项、锁定信息检索的位置。
Ở dạng bài tìm kiếm thông tin, trước hết hãy đọc kỹ "câu hỏi" và tìm ra từ khóa để tìm thông tin. Tiếp theo là xem các lựa chọn rồi thu hẹp phạm vi tìm kiếm.

と ぶん きのした ごご じ じ はたら こうつうひ ほ はたら ひ
問いの文：木下さんは午後５時から９時まで働ける。そして交通費が欲しい。働ける日は
か もく ど にち きのした きぼう あ
火・木・土・日である。木下さんの希望に合うのはどれか。

ご ご じ じ こうつうひ か もく ど にち
➡ **キーワード**：「午後５時から９時」「交通費」「火・木・土・日」

せんたくし なか えら
➡ **選択肢**：Ｂ、Ｄ、Ｆ、Ｈの中から選ぶ

B スポーツジムの受付
時給 1,500 円・交通費一日 500 円まで
週 2 日から OK、1 日 6 時間以上
未経験 OK（親切に教えます）
勤務可能時間 9：00 〜 22：00

D 輸入会社での事務
時給 1,600 円〜・交通費支給なし
週 2 日（火・木）、1 日 3 時間以上
コンピュータと英語が得意な方
勤務可能時間 10：00 〜 17：00

F レストランのキッチンスタッフ
時給 1,400 円・交通費支給
週 2 〜 3 日、1 日 3 時間以上
未経験 OK（初めてでも大丈夫です）
勤務可能時間 10：00 〜 24：00

H 洋服店の店員
時給 1,500 円・交通費支給なし
火・木・金・土　1 日 7 時間
未経験 OK
勤務可能時間 10：00 〜 20：00

・［交通費が欲しい］→　もらえる

・［火・木・土・日 ＝ 4 日］→週 2 日か 3 日なら働ける

・［午後 5 時から 9 時 ＝ 4 時間］→ 3 時間以上働ける

⇓

木下さんの条件に合うもの ＝ F

問2 　　正解　2

解答のポイント 「問いの文」から情報を探すためのキーワードを見つけよう。
探す順番も、考えよう。

Find keywords to help look for information from "the question sentence". Consider the order to search in.
从"提问句"中寻找检索信息的关键词。也要思考检索的顺序。
Cùng tìm từ khóa cần thiết từ "câu hỏi" và suy nghĩ cả thứ tự tìm kiếm.

問いの文：山本さんはコンピュータと英語が得意で、コンピュータか英語が使える仕事を
探している。1つの職場で週に4日以上働きたいと思っている。午後6時までしか働けな
い。山本さんの希望に合うアルバイトはいくつあるか。

➡ キーワード：「コンピュータか英語」「週に4日以上」「午後6時まで」

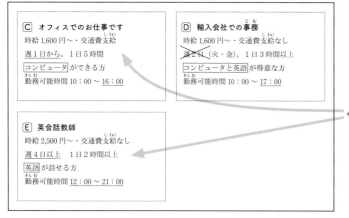

[「コンピュータ」または「英語」を使う仕事
＝C、D、E]

・[週に4日以上働ける]→C：週1日から
　　　　　　　　　　　　　　　（＝1日以上）
　　　　　　　　　　　　　E：週4日以上
・[午後6時まで]　→C＝16時
　　　　　　　　　　　（＝午後4時）まで
　　　　　　　　　→D＝17時
　　　　　　　　　　　（＝午後5時）まで
　　　　　　　　　→E＝21時まで
　　　　　　　　　（12時から2時間以上）
　　　　　　　　　＝18時（午後6時）
　　　　　　　　　まででもOK
　　　　　　　　　（12時から21時までの
　　　　　　　　　間で2時間以上）

⇓

山本さんの条件に合うもの＝CとE

46

問題Ⅰ

問Ⅰ　　　正解　**4**

「結論が出しにくくなった」＝全部自分で考えな

ければならないので、決めるのが大変だ

1：何度も質問させたとは書かれていない。

2：だれに質問するべきかということについて

は書かれていない。

3：先輩に選びたいものがあったかどうかは書

かれていない。

"結論が出しにくくなった"＝ the senior has to think of everything by himself/herself, so it is difficult to make a decision.
1 : There is nothing written about making them ask many times.
2 : There is nothing written about who the writer should ask.
3 : There is nothing written about whether the senior had something he/she wanted to choose.

"結論が出しにくくなった"＝必须全部自己思考，所以很难做出决定。
1：文中没有提及多次让对方问。
2：文中没有提及应该向谁问。
3：文中没有提及前辈是否有想要选择的东西。

"結論が出しにくくなった" = phải tự mình nghĩ toàn bộ nên khó quyết định
1 : Không viết rằng bắt hỏi nhiều lần.
2 : Không viết về chuyện cần phải hỏi ai.
3 : Không viết rằng người đi trước có cái muốn chọn hay không.

解答のポイント

問いの文：①迷惑をかけたとあるが、それはなぜか。

➡ 理由を探そう

Look for the reason.
寻找原因。
Cùng tìm lý do.

(l.4 ～ l.7)

　ところが、最近、自分が質問する側になってわかった。
　　　　　　　　　　[＝先輩と同じ立場になって]

[わかった
こと]　｛「お任せします」と言われるのは大きなストレスなのだ。[迷惑]

　　　　こんな答えをもらっても、結論を出すために必要な情報が手に

　　　　入らず、困ってしまう。[迷惑]

私も同じ答えをしていたのだから、きっと先輩には①迷惑をかけたと思う。
　　　　[理由]　　　　　　　　　理由を示す

➡ **まとめ**：「お任せします」と言われると、全部自分で考えて決めなければならないので、

　　　　　迷惑だ。前は私も先輩に「お任せします」と答えていたから、先輩には迷惑

　　　　　をかけたと思う。

問2　　正解　3

解答のポイント

問いの文：②③④の「私」は、次の（A）（B）のどちらを指すか。

➡ 選択肢の言葉を、探しやすい形に言い換えよう

Rephrase the options in order to make it easy to look for the answer.
把选项中的词语转换成便于检索的说法。
Cùng biến đổi từ ngữ trong các lựa chọn sang dạng thức để tìm kiếm.

（A）何がいいか質問した人　　　　（B）「お任せします」と答えた人

‖　　　　　　　　　　　　　　　　　‖

任される人　　　　　　　　　　　任せる人

（l.8 ～ l.11）

　　　　　　　　　　　　　私に
「　私のことを信じて任せてくれるのだ」と喜ばれるだろうと思って私は
②　［私＝任される人（A）］

使っていたのだが、「　私の質問にちゃんと答えようという気持ちがない」
　　　　　　　　　③　［私＝質問した人＝（A）］

と怒る人もいるようだ。

　　　　　　　　　　　　　　　　　　　私は あなたに
驚いたのは、「　私には考える時間も自信もないからお任せするけれど、……。
④　［私＝任せる人（B）］

➡ まとめ：（A）何がいいか質問した人（任される人）　＝②③
　　　　　 （B）「お任せします」と答えた人（任せる人）＝④

問3　　正解　4

1：「これじゃないほうがよかった」と言った
　　人は、質問された人。

2：自分が「お任せします」と答えたことにがっ
　　かりしたのではない。

3：自分では選ばなかった。（「私には考える
　　時間も自信もないからお任せする（l.10 ～
　　l.11）」）

1 : The person who said "これじゃないほうがよかった" is the person who was asked.
2 : The person is not disappointed that he/she answered "お任せします".
3 : The person who was asked could not decide for himself/herself.（"私には考える時間も自信もないからお任せする"（line 10 ～ line 11）).

1：说"これじゃないほうがよかった"的是被问的人。
2：自己并非是对回答说"お任せします"的事感到失望。
3：不是自己选择的。（"私には考える時間も自信もないからお任せする（第 10 行到第 11 行）"）

1 : Người nói "これじゃないほうがよかった" là người được hỏi.
2 : Không phải thất vọng vì chính mình đã trả lời là "お任せします".
3 : Không phải tự mình lựa chọn.（"私には考える時間も自信もないからお任せする（dòng 10-11）"）

問いの文：⑤<u>これじゃないほうがよかった</u>とは、ここではどういう意味か。

→ だれが言った言葉で、どうしてがっかりしたかを探そう

Look for who said this, and why he/she was disappointed.
寻找是谁说的，为什么感到失望。
Cùng tìm xem câu này là của ai nói và vì sao lại thất vọng.

(l.10 ～ l.13)

驚いたのは、「④<u>私には考える時間も自信もないからお任せするけれど、</u>

<u>ちゃんと私が満足するように選んでね</u>」という意味で使う人もいることだ。

| こういう人 | は、あとになってから、「⑤これじゃないほうがよかった」などと

[がっかり]

言う場合もある。　　　　　　　　＝ [私が満足できるものを選んでくれなかった]

→ まとめ：期待して任せたのに、任せた相手は満足できるものを選んでくれなかったの

で、がっかりした。

問4　　正解　1

2：「お任せします」と答えたのは会社に入ったころで、最近ではない。

3：今は「何がいい？」と聞く立場になっている。

4：前は聞かれたが、最近は自分が聞いている。

2 : The writer answered "お任せします" when he/she joined at the company, not recently.
3 : Now the writer is in a position where he/she should ask "何がいい？"
4 : The writer used to be asked, but now he/she asks.

2：回答说"お任せします"这是刚进入公司时的事，不是最近的事。
3：现在变成问"何がいい？"的身份角色。
4：以前是自己被别人问，现在自己问别人。

2 : Người viết trả lời "お任せします" là khi mới vào làm công ty chứ không phải gần đây.
3 : Bây giờ người này đã trở thành người đi hỏi "何がいい？".
4 : Lúc trước là người được hỏi nhưng gần đây lại là người hỏi.

問いの文：この文章を書いた人について正しいものはどれか。

→ 「正しいものはどれか」という問いの場合は、まず選択肢を見て、答えを考えるポイントを見つけよう

When asked which is the correct answer, first look at the options, and find points that will help consider the answer.
如果问题类型是询问"正确的是哪一项"，首先要看选项，寻找思考答案的要点。
Trường hợp câu hỏi "cái nào đúng" thì trước tiên cần xem các lựa chọn, sau đó tìm ra những điểm chính dẫn tới câu trả lời.

→ 選択肢１、２：この人は「お任せします」と答える？

選択肢３、４：この人は「何がいい？」と聞く？　または聞かれる？

In options 1 and 2: Is the writer the one who answers "お任せします"?
In options 3 and 4: Is the writer the one who asks "何がいい？" or the one who is asked?
选项1、2：这个人回答说"お任せします"？
选项3、4：这个人问"何がいい？"还是别人问他？
Lựa chọn 1, 2: Người này có trả lời "お任せします" hay không?
Lựa chọn 3, 4: Người này hỏi "何がいい？" hay được hỏi?

[「何がいい？」と聞くかどうか]（*l.*4）

ところが、最近、自分が質問する側になってわかった。

→ まとめ：この人は、最近「何がいい？」と聞くようになった。

[「お任せします」と答えるかどうか]（*l.*2 〜 *l.*3, *l.*7）

私は何も知らなかったので、いつも「お任せします」と言っていた。

……

今なら、こんな返事 はしない。

→ まとめ：この人は、もう「お任せします」とは答えない。

本文の要約

第１段落　会社に入ったころは、先輩から「何がいい？」などと質問されると、私は「お任せします」と答えていた。

第２段落　ところが、最近自分が質問する立場になって、「お任せします」という答えは迷惑だとわかった。だから、私はもう「お任せします」とは答えない。

第３段落　また、「お任せします」は人によって違う意味になることもわかった。

第４段落　立場が変わって初めて気がつくことは多い。

問題2

問1   正解   2

解答のポイント 「問いの文」から情報を探すためのキーワードを見つけよう。表だけでなく、表の外にも大切な情報があることが多いので、必ずチェックしよう。

Find keywords that will help look for information from "the question sentence". There is often important information that is not in the table, so be sure to check everything outside it as well.
从"提问句"中寻找检索信息的关键词。不要光看表格，很多时候表格之外也有重要的信息，一定要看。
Cùng tìm từ khóa để tìm kiếm thông tin từ "câu hỏi". Nhiều trường hợp thông tin quan trọng không chỉ nằm trong bảng biểu mà còn ở ngoài bảng nên cần kiểm tra kỹ.

問いの文：前田君は 16 歳だ。2 月 1 日の 14 時に同級生の彼女と一緒に遊園地に行って、乗り物に 5 回乗りたいと思っている。できるだけ安く遊ぶには、2 人でいくら払えばいいか。

→ **キーワード**：「16 歳」「2 月 1 日」「14 時」「乗り物に 5 回」「彼女と 2 人」

[表と、表の注意書き（※）をチェックする]

	大人 （18～64歳）	12～17歳	6～11歳	3～5歳	65歳以上
ワンデーパス （入園＋乗り物 乗り放題）	5,000 円	4,300 円	3,800 円	3,300 円	2,500 円
入園料 （乗り物料金は 入りません）	2,000 円	1,600 円	1,100 円	1,100 円	1,000 円
ナイトパス※ （入園＋乗り物 乗り放題）	3,000 円	2,000 円	1,800 円	1,800 円	1,500 円
ナイト入園料※ （乗り物料金は 入りません）	1,600 円	1,000 円	500 円	500 円	500 円

※ナイトパス・ナイト入園料は 16 時からご利用になれます。
0～2 歳はすべて無料
乗り物 1 回 600 円 （3 歳以上同一料金）
＊乗り放題チケットで乗り物に何回でも乗れます。

・「14 時に行く」→ ナイトパスとナイト入園料は使えない

・「乗り物に 5 回乗る」→ 5 回なら、
⇓
乗り放題チケットのほうが安い

[表の外の情報もチェックする]

・「彼女と 2 人」
・「2 月 1 日に行く」
⎫ バレンタインキャンペーンが使える

⇓
「バレンタインだけのワンデーパス」
＝ 2 人で 6,000 円

バレンタインキャンペーン
特別な 1 日をお得に楽しめる、バレンタイン期間だけのワンデーパス（ペア・チケット）！ カップルの 2 名様で 6,000 円です。
（期間 1 月 14 日～2 月 14 日）

→ **まとめ**：普通のワンデーパスより、バレンタインだけのワンデーパスのほうが安い。

問2　　正解　**3**

解答のポイント　「問いの文」から情報を探すためのキーワードを見つけよう。表だけでなく、表の外にも大切な情報があることが多いので、必ずチェックしよう。

Find keywords that will help look for information from "the question sentence". There is often important information that is not in the table, so be sure to check everything outside it as well.
从 "提问句" 中寻找检索信息的关键词。不要光看表格，很多时候表格之外也有重要的信息，一定要看。
Cùng tìm từ khóa để tìm kiếm thông tin từ "câu hỏi". Nhiều trường hợp thông tin quan trọng không chỉ nằm trong bảng biểu mà còn ở ngoài bảng nên cần kiểm tra kỹ.

問いの文：花村さん（35歳）は、妻（32歳）、娘（8歳）、息子（5歳）と一緒に4人で遊園地に行って一日中遊ぼうと思っている。2月16日の10時に行って乗り物に6回以上乗る場合、できるだけ安く遊ぶには4人でいくら払えばいいか。

➡ **キーワード**：「35歳」「32歳」「8歳」「5歳」「2月16日」「10時」「乗り物に6回以上」

	大人 (18～64歳)	12～17歳	6～11歳	3～5歳	65歳以上
ワンデーパス (入園＋乗り物 乗り放題)	5,000円	4,300円	3,800円	3,300円	2,500円
入園料 (乗り物料金は入りません)	2,000円	1,600円	1,100円	1,100円	1,000円
~~ナイトパス~~※ (入園＋乗り物 乗り放題)	3,000円	2,000円	1,800円	1,800円	1,500円
~~ナイト入園料~~※ (乗り物料金は入りません)	1,600円	1,000円	500円	500円	500円

※ナイトパス・ナイト入園料は~~16時~~からご利用になれます。
0～2歳はすべて無料
乗り物1回600円（3歳以上同一料金）
＊乗り放題チケットで乗り物に何回でも乗れます。

ご家族様向けキャンペーン
小さなお子様とご一緒のご家族様向けのお得な料金！
3～5歳のワンデーパスを1枚買うと、大人2名様までワンデーパスが1名様4,000円になるお得な料金キャンペーンです！

[表と、表の注意書き（※）をチェックする]

・「10時に行く」→ ナイトパスとナイト入園料は使えない
・「乗り物に6回以上乗る」→ 乗り放題チケットを使うほうが安い
・「2月16日」→ バレンタインキャンペーンは使えない

⇩

表の中では「ワンデーパス」が一番安い
（5,000円×2）＋3,800円＋3,300円
＝17,100円
＝4人で17,100円

[表の外の情報もチェックする]
・「息子＝5歳」→ ご家族様向けキャンペーンが使える
・「大人2人」→ ワンデーパスが安くなる

⇩

（4,000円×2）＋3,800円＋3,300円
＝4人で15,100円

➡ **まとめ**：ご家族様向けキャンペーンを使ってワンデーパスを買うのが一番安い。

問題 I

問 1　　正解　1

解答のポイント

問いの文：①そのようなこととは何を指しているか。

➡ 指示詞が示しているものを探そう　＝どんなことを「する」か

　　Look for what the demonstratives are indicating.　＝ what kind of thing is "done."
　　寻找指示代词指代的内容。　＝"要做"什么样的事
　　Cùng tìm phần mà chỉ thị từ biểu thị. ＝"làm" chuyện gì ?

(ℓ.1 〜 ℓ.5)

「私が働いているスーパーでは、数時間おきにお弁当などを捨てなければいけないん

です。＝［すること］

［捨てるお弁当の説明］＝ ｛ 腐らないように冷蔵コーナーに置いてあって、

　　　　　　　　　　　　　5分前までは500円で売っていたお弁当ですから、

　　　　　　　　　　　　　まだ食べられます。

それを捨てる時には残念な気持ちになります。」＝［気持ち］

と言う。お弁当に書かれた消費期限が近いために、①そのようなことをするのである。

➡ まとめ：スーパーでは、消費期限が近くなると、食べられる物でも捨てることになっているため、お弁当などを数時間おきに捨てている。

問 2　　正解　2

解答のポイント

問いの文：②その時間は何を指すか。

➡ 指示詞の示す時間を探そう

　　Look for the time indicated by the demonstratives.
　　寻找指示代词指代的时间。
　　Cùng tìm khoảng thời gian mà chỉ thị từ biểu thị.

(*l*.9 ～ *l*.10)

「例えばスーパーで前日に買って、食べるのは翌日の昼という人は多いと思い

＝［食べる時間の例］

ます。でも、スーパーでは②その時間にはその商品は売られていないんです。」

➡ まとめ：スーパーで買ったものを食べる時間（例えば「翌日の昼」）

問3　　正解　3

1：悲しいのは、売れない物があることではな

い。

2：店にそれしかないかどうかは書かれていな

い。

4：売れることは悲しいことではない。

1 : A is not sad that customers did not buy items related to events.
2 : There is nothing written about whether items related to events are the only things in the shop.
4 : A is not sad that customers bought something.

1 : A 并不是因为有东西卖不出去而感到悲伤。
2 : 文章中没有提及那家店里是否只有那个。
4 : A 并不会为东西卖出去感到悲伤。

1 : Chuyện buồn không phải là chuyện còn hàng không bán được.
2 : Không viết là có phải siêu thị chỉ bán những mặt hàng đó hay không.
4 : Chuyện bán được hàng không phải là chuyện buồn.

解答のポイント

問いの文：③悲しくなるとあるが、それはなぜか。

➡ 理由を探そう　Look for the reason.　寻找原因。　Cùng tìm lý do.

(*l*.11 ～ *l*.14)

「特に③悲しくなるのは行事があった後です。

　　　　　　例えばクリスマス当日には、ケーキがよく売れますから、

　　　　　　　　　　　　　［ケーキ＝行事に関係のある物の例］

　　　　　　スーパーではいつもよりたくさんケーキをお店に並べます。

［行事の例］　当日はよく売れますが、全部が売れることはありません。

　　　　　　だから消費期限が近くなると、とてもたくさんのケーキを捨て

　　　　　　なければならないのです。」

　　　　　　［理由］　　　事情の説明（理由）

➡ まとめ：行事の時は、行事に関係のある物がよく売れるが、行事の後はとてもたくさ

　　　　　ん捨てることになるので、悲しくなる。

54

問4	正解 4

1：売ってしまったほうがいいとは書かれてい

　　ない。

2・3：買うことについては書かれていない。

1 : There is nothing written about it being better to sell out.
2/3 : There is nothing written about buying anything.

1 : 文章没有说最好卖掉。
2・3 : 文章没有提及购买的事情。

1 : Không viết rằng nên bán hết hàng.
2, 3 : Không viết về chuyện mua hàng.

解答のポイント

問いの文：この文章を書いた人の意見は次のうちのどれか。

➡ **意見を探そう**

Look for an opinion.
寻找作者观点。
Cùng tìm ý kiến.

(l.15 〜 l.16)

時間が経って消費期限が近くなった食べ物が

　確かに時間が経てば、安全だと言い切るのは難しいかもしれない。

でも、本当に それ を全部捨てなければならないものな のだろうか 。

　　　　　　　　　　　　　　　　　否定的な意見を示す

　　　　　　　　　　　　　= ［いいえ、捨てなくてもいい］

➡ まとめ ：消費期限が近づいたもの（＝時間が経ってしまった食べ物）を全部捨てる必
　　　　　要はないと思う。

本文の要約

第1段落 　スーパーでアルバイトをしているAさんが気になっていることは、スーパーで
は、まだ食べられる食べ物でも、消費期限が近くなると捨ててしまうということである。

第2段落 　行事の時には、行事に関係のある品物をいつもよりたくさん店に並べるが、行
事の後に、売れなかったものをたくさん捨てなければならない。

第3段落 　時間が経ったものは、絶対に安全だとは言えないかもしれない。でも、すべてを
捨てる必要はないと思う。

もんだい
問題2

せいかい
問1　　　正解　　4

いっぱんだ
1：一般コースには出せない。

ねんかんだ
2：年間コンテストにも出せる。

りょうほうだばあいちがしゃしん
3：両方に出す場合は、違う写真でなければな

らない。

1：Mr. Tanaka cannot participate in the general course.
2：Mr. Tanaka can also participate in the yearly competition.
3：When participating in both competitions, Mr. Tanaka must use different photographs.

1：无法参加普通组别的竞赛。
2：也可以参加全年组别的竞赛。
3：要想参加两个不同组别的竞赛的话，必须提交不同的照片。

1：Không dự thi hạng mục đại chúng được.
2：Có thể tham gia cả kỳ thi thường niên.
3：Nếu dự cả hai thì phải nộp hai ảnh khác nhau.

かいとう とぶんじょうほうさがみ
解答のポイント　「問いの文」から情報を探すためのキーワードを見つけよう。
ちゅういがかなら
「注意書き」があったら、そこも必ずチェックしよう。

Find keywords that will help look for information from the question sentence. Always be sure to check the "Cautionary Point" as well.
从 "提问句" 中寻找检索信息的关键词。如果有 "注意事项" 也一定要看。
Cùng tìm từ khóa để tìm kiếm thông tin từ "câu hỏi". Nếu có mục "Lưu ý" thì cần kiểm tra cả chỗ đó.

とぶんたなかしゃしんとはじしゅうかんかいしゃあおでんしゃ
問いの文：田中さんは写真を撮り始めてから3週間である。この会社のカメラで青い電車
しゃしんまいとしゃしんだかんがきょう
の写真が1枚うまく撮れたので、この写真をコンテストに出したいと考えている。今日は
がつみっかたなかさくひんだ
1月3日である。田中さんが作品を出せるのはどれか。

とはじしゅうかんあおでんしゃしゃしんまいがつみっか
➡ **キーワード**：「撮り始めてから3週間」「青い電車の写真」「1枚」「1月3日」

しゅうかんと
（1）**週間コンテスト**（どんなカメラで撮った写真でもOK！）

毎週水曜日までにその週のテーマの作品を出してください（1人1作品までですが、別の
作品なら毎週続けて出せます）。
つぎすいようびにゅうしょうしゃにんはっぴょうしょうひん
➡次の水曜日に入賞者各3人を発表します。賞品はマグカップです。

1月のテーマは「色」

- 1月第1週：白（1/6まで）
- 1月第2週：青（1/13まで）
- 1月第3週：黒（1/20まで）
- 1月第4週：赤（1/27まで）

ねんかん
（2）**年間コンテスト**（Q社のカメラで撮った写真を出してください）

今年のテーマは 乗り物の写真 で、賞の発表は来年の1月1日です。10月31日までに
出してください（1人1作品）。A) B) の両方に出すことはできません。

しょしんしゃしゃしんさつえいけいけんねんいないかた
A) 初心者コース （写真撮影の経験 1年以内の方）
しょしんしゃたいしょうさくひんはっぴょうしょうひん
➡初心者大賞 10 作品を発表します。賞品はワイングラスです。
いっぱんしょしんしゃいがいかた
B) 一般コース （初心者コース以外の方）
たいしょうさくひんはっぴょうしょうひんとうしゃしんせいひん
➡大賞1作品を発表します。賞品は当社の新製品のカメラです。

ちゅういしゅうかんねんかんりょうほうだばあいべつしゃしん
【注意】（1）週間コンテスト、（2）年間コンテスト、の両方へ出す場合、 別の写真でお
願いいたします。

しゅうかん
[「（1）週間コンテスト」をチェックする]

あおでんしゃしゃしんいろあお
・「青い電車の写真」 → 色は青

きょうがつみっか
・今日は「1月3日」

⇓

しゅうかんがつだいしゅうだ
週間コンテストの1月第2週に出せる

ねんかん
[「（2）年間コンテスト」をチェックする]

あおでんしゃしゃしんのもの
・「青い電車の写真」 → 乗り物

とはじしゅうかん
・「撮り始めてから3週間」

⇓

ねんかんしょしんしゃだ
年間コンテストの初心者コースに出せる
いっぱんだ
（一般コースには出せない）

ちゅうい
[【注意】をチェックする]

しゃしんまいべつしゃしん
「写真は1枚」＝別の写真はない

⇓

しゅうかんねんかん
週間コンテストか年間コンテストの
ひとだ
どちらか一つにしか出せない

→ まとめ ：週間コンテストの１月第２週、または年間コンテストの初心者コースのどちらかに出せる。

問2　正解　1

2：2月の週間コンテストの月間賞の賞品はペンケース。

3：経験10年なので、初心者コースには出せない。

4：一般コースの賞品はカメラ。

2 : The monthly prize for the weekly competition in February is a pen case.
3 : Mr. Kimura has 10 years of experience, so he cannot participate in the beginners course.
4 : The prize for the general course is a camera.

2：2月的单周组别的竞赛奖品是铅笔袋。
3：已经有10年经验了，因此无法参加初学者组别的竞赛。
4：普通组别的奖品是相机。

2 : Giải thưởng tháng của kỳ thi hàng tuần trong tháng 2 là hộp bút.
3 : Kimura có kinh nghiệm 10 năm nên không dự thi hạng mục người mới bắt đầu được.
4 : Giải thưởng của hạng mục đại chúng là máy ảnh.

解答のポイント

問いの文：木村さんは経験10年のプロの写真家で、この会社のカメラを使っている。今日は1月3日である。賞品のワイングラスが欲しい場合、どのように作品を出せばいいか。

→ **キーワード**：「ワイングラス」「経験10年のプロ」

（1）週間コンテスト（どんなカメラで撮った写真でもOK！）

＊週間コンテスト入賞作品の中から毎月1作品を「月間賞」に選び、次の月の最初の土曜日に発表します。1月の月間賞の賞品はワイングラスです。

（2）年間コンテスト（Q社のカメラで撮った写真を出してください）
今年のテーマは「乗り物の写真」で、賞の発表は来年の1月1日です。10月31日までに出してください（1人1作品）。A）B）の両方に出すことはできません。
A）初心者コース（写真撮影の経験1年以内の方）
　→初心者大賞10作品を発表します。賞品はワイングラスです。
B）一般コース（初心者コース以外の方）
　→大賞1作品を発表します。賞品は当社の新製品のカメラです。

[ワイングラスがもらえるコンテスト]
「1月の週間コンテストの月間賞」
「年間コンテストの初心者コース」

・「木村さんは経験10年のプロ」
→初心者コースは経験1年以内
＝**初心者コースには出せない**
⇓
「**1月の週間コンテスト**」に出す

→ まとめ ：木村さんがワイングラスがもらえる可能性があるのは、**1月の週間コンテスト**だけ

問題 I

問1   正解   **3**

1：自分ではなく子供が悪いことをした時のことについて書かれている。

2：話すことが大変なのではない。

4：子供が警察に捕まることが多いとは書かれていない。

1 : The text talks about what famous people must do when their children hava done something bad, not themselves.
2 : It is not difficult to talk.
4 : There is nothing written about children of famous people often being arrested by police.

1 : 文章写的不是关于自己做错事的，而是关于孩子做错事时的内容。
2 : 并非是说话很难。
4 : 文章没有说很多名人的孩子被警察逮捕。

1 : Đoạn văn viết về chuyện khi con của người nổi tiếng làm điều xấu chứ không phải chính người đó làm.
2 : Việc nói chuyện không vất vả.
4 : Không viết rằng con của người nổi tiếng hay bị cảnh sát bắt.

解答のポイント

問いの文：①有名になった人は大変だとあるが、それはなぜか。

➜ 理由を探そう

Look for the reason.
寻找原因。
Cùng tìm lý do.

(*l.*1 ～ *l.*3)

　①有名になった人は大変だ。

「あの有名人の子供が警察に捕まった。上手に子育てしなかった親が悪い。」

と言って、テレビカメラの前に有名人を連れてきてみんなで謝らせている
　　　　　　　　　　　　　　　　　　　　　[そう思う条件＝理由]

のを見ると、そう思う。
　　　　条件を示す

➜ まとめ：有名人は、子供が警察に捕まると非難され、テレビカメラの前で謝らされるので、大変だ。

1：兄や姉だけではない。（「子供が育つため
　　には、……友達の影響を受ける。（*l*.10 ～
　　l.11)」）

3：新しいものを受け入れることについては、
　　何も書かれていない。

4：親が子供をコントロールしようと考えてい
　　るとは書かれていない。

1 : Children's personalities are not just influenced by older brothers and sisters. ("子供が育つためには、……友達の影響を受ける。" (line 10 ～ line 11)).
3 : There is nothing written about accepting new ideas.
4 : There is nothing written about parents trying to control their children.

1 : 并不是只有哥哥和姐姐。("子供が育つためには、……友達の影響を受ける。(第 10 行到第 11 行)")
3 : 关于接受新的事物，文章完全没有提及。
4 : 文章没有说父母想控制孩子。

1 : Không phải chỉ có anh hay chị. ("子供が育つためには、……友達の影響を受ける。(dòng 10-11)")
3 : Không viết gì về chuyện tiếp nhận cái mới.
4 : Không viết rằng cha mẹ muốn kiểm soát con cái.

解答のポイント

問いの文：②親が子供をコントロールできる部分は小さいとあるが、なぜか。

➡ 理由を探そう

Look for the reason.
寻找原因。
Cùng tìm lý do.

➡ 「理由の表現」を使わずに、理由を説明することもよくある。「理由の表現」が近くにない時は、前や後ろをよく読んで、説明しているところを見つけよう。

There are cases where one explains a reason without using a reason phrase. When there is no clear reason phrase, carefully read the text before and after, and find the area giving the explanation.
有时也会不使用 "表达原因的表达方式" 来解释原因。如果近处没有 "表达原因的表达方式"，则要认真阅读前文或者后文来寻找解释原因的地方。
Cũng có trường hợp người viết giải thích lý do nhưng lại không dùng đến các "mẫu câu chỉ lý do". Khi xung quanh không có các "mẫu câu chỉ lý do" thì hãy đọc kỹ các câu trước và sau để tìm ra đoạn giải thích lý do.

(*l*.6 ～ *l*.8, *l*.11)

　学問的に見ると、②親が子供をコントロールできる部分は小さいらしい。

　　　┌　ある研究によれば、子供の人格は、生まれた時から持っているものと、

　　　│　子供時代の友達関係でほとんど決まるそうだ。
[説明　│　　　　　　　　　　　　　　　‖　＝[親は子供の人格に影響を与えられない]
（理由）]│　　　　　　　　　　　　　　　‖　＝[親が子供をコントロールできない理由]
　　　│　……　　　　　　　　[言い換え]
　　　└　こういう歴史があるから、子供は親よりも友達の影響を受ける。

➡ **まとめ**：親が子供をコントロールできる部分が小さいのは、子供は親よりも友達の影響を受けるからである。

2：どう育てたらいいかについては書かれていない。

3：研究の歴史については書かれていない。

4：母親の仕事については書かれていない。

2 : There is nothing written about how one should raise children.
3 : There is nothing written about the history of research.
4 : There is nothing written about the mother's work.

2：文章没有提及应该如何育儿。
3：文章没有提及研究的历史。
4：文章没有提及母亲的工作。

2 : Không viết về chuyện nên nuôi dạy như thế nào.
3 : Không viết về lịch sử nghiên cứu.
4 : Không viết về công việc của những người mẹ.

解答のポイント

問いの文：③こんな話とは何か。

➡ 指示詞の指すところを探そう

Look for what the demonstratives are indicating.
寻找指示代词所指示的内容。
Cùng tìm phần mà chỉ thị từ biểu thị.

（l.6 ～ l.13）

学問的に見ると……

[前の段落
全体]　ある研究によれば、子供の人格は……決まるそうだ。

……

しかし、一般的には③こんな話を聞かされるより、有名人が悪いと決めてみ

んなでその人を悪く言うほうがずっと楽しい。

➡ **まとめ**：子供の人格がどうやって決まるかという学問的な話を聞くより、有名人の悪口を言うほうがずっと楽しい。

問4　正解　1

２：メディアが大切なものだとは書かれていない。

３：伝える速さについては書かれていない。

４：正しく伝える方法を考えるべきだとは書かれていない。

2：There is nothing written about the media being important.
3：There is nothing written about the speed of conveying information.
4：There is nothing written about how one should consider how to convey information correctly.

2：文章没有提及新闻媒体很重要。
3：文章没有提及新闻媒体传播的速度。
4：文章没有说应该思考新闻媒体正确传播的方法。

2：Không viết rằng phương tiện truyền thông là thứ quan trọng.
3：Không viết về sự nhanh chóng của việc đưa tin.
4：Không viết rằng nên nghĩ cách truyền đạt thông tin cho đúng.

解答のポイント

問いの文：この文章を書いた人が言いたいことは何か。

➡ **筆者の意見を探そう**

Look for the opinion of the writer.　寻找文章作者的观点。　Cùng tìm ý kiến của người viết đoạn văn này.

(l.16 ～ l.17)

テレビなどのメディアは、事実を正しく伝えるより、事件をおもしろく伝えて人々を楽しませるほうが大切だと考えている。

＝［事実を正しく伝えていない］

私たちは このこと を忘れ てはいけない 。

意見を示す

➡ **まとめ**：メディアは正しい事実だけを伝えているのではないということを忘れてはいけない。

本文の要約

第1段落 有名人は、子供が悪いことをすると、テレビカメラの前で非難され、謝らされる。しかし、子供のしたことをすべて親のせいだと考えるのはおかしい。

第2段落 学問的に見ると、親は子供をあまりコントロールできないそうだ。子供は親より友達の影響を強く受けるからだ。

第3段落 しかし、こんな学問的な話より、悪口のほうが楽しい。だから、有名人を批判するテレビ番組は人気になり、テレビ局はお金がもうかるのだ。

第4段落 テレビなどのメディアは、事実を正しく伝えるより、人を楽しませることのほうが大切だと考えている。このことを忘れてはいけない。

問題2

問1	正解　1

▶ **解答のポイント**

問いの文：松本さん家族の子供たちは<u>雪遊び</u>、父は<u>うどん</u>の食事、母は<u>着物ショー</u>を楽しみにしている。どの日程で雪まつり会場に行けば、<u>全員が満足</u>するか。

➡ **キーワード**：「雪遊び」「うどん」「着物ショー」「全員が満足」

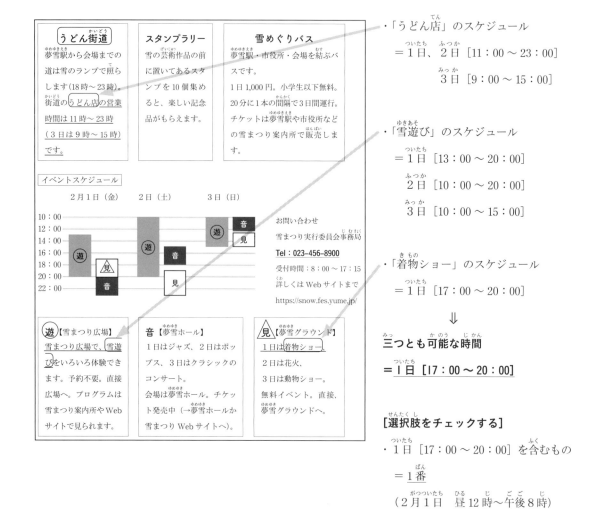

・「うどん店」のスケジュール
＝ 1 日、2 日 ［11：00 ～ 23：00］
　　　3 日 ［9：00 ～ 15：00］

・「雪遊び」のスケジュール
＝ 1 日 ［13：00 ～ 20：00］
　　2 日 ［10：00 ～ 20：00］
　　3 日 ［10：00 ～ 15：00］

・「着物ショー」のスケジュール
＝ 1 日 ［17：00 ～ 20：00］

⇓

三つとも可能な時間
＝ 1 日 ［17：00 ～ 20：00］

［選択肢をチェックする］
・1 日 ［17：00 ～ 20：00］を含むもの
＝ **1 番**
（2 月 1 日　昼 12 時～午後 8 時）

➡ **まとめ**：<u>2 月 1 日昼 12 時～午後 8 時の日程なら、全員が満足できる。</u>

問2	正解 3

解答のポイント

問いの文：山口さん夫婦は３歳と７歳の息子、65歳の父の５人で雪まつりに行き、できるだけバスを使って３日間楽しむつもりだ。バス代は全部でいくらかかるか。

➡ **キーワード**：「３歳」「７歳」「65歳」「５人」「バス」「３日間」「いくら」

うどん街道

夢雪駅から会場までの道は雪のランプで照らします(18時〜23時)。
街道のうどん店の営業時間は 11時〜23時（３日は９時〜15時）です。

イベントスケジュール

スタンプラリー

雪の芸術作品の前に置いてあるスタンプを10個集めると、楽しい記念品がもらえます。

雪めぐりバス

夢雪駅・市役所・会場を結ぶバスです。
1日1,000円。小学生以下無料。20分に１本の間隔で３日間運行。チケットは夢雪駅や市役所などの雪まつり案内所で販売します。

[バスの値段をチェックする]

・１日 ＝ 1,000 円

・小学生以下無料

[山口さんの家族をチェックする]

・全部で５人

・子供２人 ＝「３歳」「７歳」
　　　　　＝小学生以下
　　　　　＝無料

⇓

お金を払う人は３人だけ

➡ **まとめ**：１日 1,000 円を３人が３日間払う
　　　　＝（1,000 円×３）×３ ＝ 9,000 円

模擬試験	p.52 〜 p.63

問題１　(１) 1 1　　(２) 2 4　　(３) 3 3　　(４) 4 2

問題２　(１) 5 2　　6 1　　7 3

　　　　(２) 8 2　　9 4　　10 2

問題３　11 3　　12 1　　13 4　　14 4

問題４　15 4　　16 1